教育部人文社会科学研究规划基金项目“高校出版单位差异化发展研究”
（项目批准号:15YJA860019）研究成果之一

基于**核心竞争力**的大学出版社发展战略研究

张建初　施小占　李志杰　著

吉林大学出版社
·长春·

图书在版编目（CIP）数据

基于核心竞争力的大学出版社发展战略研究 / 张建初，施小占，李志杰著. —长春：吉林大学出版社，2021.4
ISBN 978-7-5692-8248-1

Ⅰ. ①基… Ⅱ. ①张… ②施… ③李… Ⅲ. ①高等学校－出版社－发展战略－研究－中国 Ⅳ. ① G239.22

中国版本图书馆 CIP 数据核字 (2021) 第 077261 号

书　　名 基于核心竞争力的大学出版社发展战略研究
JIYU HEXIN JINGZHENGLI DE DAXUE CHUBANSHE FAZHAN ZHANLÜE YANJIU

作　　者 张建初　施小占　李志杰　著
策划编辑 李承章
责任编辑 卢　婵
责任校对 刘　丹
装帧设计 云思博雅

出版发行 吉林大学出版社
社　　址 长春市人民大街 4059 号
邮政编码 130021
发行电话 0431-89580028/29/21
网　　址 http://www.jlup.com.cn
电子邮箱 jdcbs@jlu.edu.cn
印　　刷 广东虎彩云印刷有限公司
开　　本 787 mm × 1092 mm　　1/16
印　　张 12.5
字　　数 200 千字
版　　次 2021 年 4 月第 1 版
印　　次 2021 年 4 月第 1 次
书　　号 ISBN 978-7-5692-8248-1
定　　价 88.00 元

前言

2018 年 12 月 25 日，国务院办公厅印发了《文化体制改革中经营性文化事业单位转制为企业的规定》和《进一步支持文化企业发展的规定》，随着两个规定的落地，大学出版社也进入了重要的发展机遇期，当前大学出版社如何把握机遇，合理确定发展战略，扬长避短发挥其特有的竞争优势，已成为其亟待解决的重要问题。

本书认为，对大学出版社发展战略问题的研究既要从理论层面进行探讨，也要从实践层面进行求证。本书在充分梳理、分析国内外研究大学出版社发展的相关成果的基础上，基于核心竞争力的视角提出了大学出版社发展战略的命题。大学出版社制定合理的发展战略，具有现实的必要性和实际的可行性，本书运用理论研究与实证研究结合的方法对匹配大学出版社发展战略的理论基础、实践比较、影响因素、发展环境、战略实施的原则和要求、战略构建、战略保障等进行了较为系统的研究，得出了一些基本结论。

第一，在大学出版社发展越来越趋同的背景下，制定适应出版社的发展战略既对大学出版社减小同质化竞争风险、形成独特的办社特色、提升核心竞争力及实现可持续发展具有重要的现实意义，又对数字化时代大学出版社实现科学的多元化的发展具有重要的指导意义。大学出版社差异化发展是一种客观的存在，把差异化发展实践升华到战略管理的高度是关系大学出版社长远发展的根本问题，大学出版社要在激烈的出版市场中获得持久的竞争力，获得发展的主动权和话语权，就必须要切实有效地制定适合自身的发展战略。

第二，大学出版社发展战略的形成既有丰富的、现实的理论指导，又有诸多典型的案例印证。本书的研究主要以企业核心竞争力理论和企业战略管理理论为理论指导，以国内外著名大学出版社的办社实践为现实印证。“准确定位→差异化战略→建立专业化特色化优势→提升核心竞争力→实现可持续科学发展”是大学出版社确定发展战略的逻辑过程，准确定位是大学出版社制定发展战略的必要前提，建立特色优势、提升核心竞争力是大学出版社制定和实施其发展战略的根本目的，可持续科学发展是大学出版社制定和实施其发展战略的永恒追求。

第三，影响大学出版社差异化发展的因素可分为内部环境因素和外部环境因素两个方面。外部环境因素分为宏观环境和出版行业内环境两个层面，宏观环境有政治环境、经济环境、社会文化环境、技术环境四大因素；出版行业内环境有专业化与品牌竞争、综合能力竞争、人才竞争、传统出版和数字出版的竞争等。内部环境因素包括产权单一化现状短期难以改变，与母体大学发展目标契合度不够，出版人才断层、流失严重，企业管理制度不科学不合理，融合发展困难，主题出版能力不足，营销模式亟须创新等方面。因素分析的目的是帮助大学出版社在制定发展战略的过程中能更好地了解自身的优势和劣势，减少威胁，把握机遇。

第四，制定大学出版社发展战略需要首先考虑制定战略的原则和要求。大学出版社战略管理体系构建的基本原则主要有参与性原则、科学性原则、系统性原则、务实性原则、发展性原则、灵活性原则。大学出版社战略管理体系构建的具体要求主要有要以大学出版社的使命和价值定位为战略管理的纲领，要坚持战略管理与出版社发展战略相统一，要坚持战略管理与出版社文化、核心价值观相一致，要坚持“顾客导向”与“导向顾客”理念相结合，以及要坚持战略管理与出版社所处竞争产业的战略要素高度契合等原则。大学出版社发展战略的评估是对战略实施全过程的评估，它既包括对战略方案的评估，也包括对战略执行过程及结果的评估。大学出版社发展战略的评估是为了检验一定阶段发展战略的实施是否有效地实现了出版社既定的差异化发展目标，或者检验战略执行的内外部环境是否已经发生了变化，以便为战略修订及以后新的战略制定提供必要的信息。对大学出版社发展战略采取控制措施的目的是对战略评估结果出现的偏差进行纠正，以保证大学出版社预期战略目标的实现，使大学出版社能够在新的条件下获得机遇，规避风险。

第五，构建大学出版社发展战略，需要了解提升大学出版社的核心竞争力的途径，进而才能基于核心竞争力有针对性地制定大学出版社的发展战略目标和具体的发展战略。提升大学出版社核心竞争力可以从企业内部和企业外部两个方面进行。从企业内部构建核心竞争力包括制定企业核心竞争力的战略规划、构建企业核心人才理念、准确定位的专业化、以客户为导向的价值创新、主动适应变化、整合资源、优秀的企业文化、提供卓越服务等方面；从企业外部构建核心竞争力主要包括引进专业型的优秀人才、建立拥有互补优势的企业战略联盟。基于核心竞争力的大学出版社发展战略目标包括大学出版社的使命、大学出版社的愿景、大学出版社的目标。基于核心竞争力的大学出版社发展战略包括总体战略、业务战略和职能战略三个方面。

第六，实现大学出版社发展战略目标需要有与之匹配的战略保障措施，大学出版社发展战略的实施必然会打破当前行政权力一体化、办社模式趋同化的格局，引发我国大学出版社治理结构的变革，而大学出版社治理结构的变革也必然会促进大学出版社发展战略的有效实施。顺应我国大学出版社转企改制的市场化改革的需要，构建并完善适应大学出版社发展的战略保障措施具有十分重要的政策意义和现实意义。本书从四个维度就如何保障大学出版社发展战略的实施提出建议：完善出版社治理结构，改善出版社发展环境；强化内部宏微观建设，完善体制机制；加强人才管理，建立出版品牌；推进出版社信息化建设，加强出版社企业文化建设。

研究大学出版社发展战略是一项非常复杂的工程，因课题组研究能力和学术水平有限，思考的深度和广度还不够。因此，本书对大学出版社发展战略的研究是能说是窥其一角，还处于初始阶段，起到的是抛砖引玉的作用，还亟待更多的专家、学者从理论和实践上进行丰富和解读，特别是在确定发展战略的度量标准和建构发展模型上需要深入研究和不断完善。

目录

第1章 绪论

1.1 研究的背景

大学出版社是我国出版业的重要力量，是国家出版事业和高等教育事业的重要组成部分，自成立以来就一直坚持着传播学术文化、服务大学教学科研的使命，始终坚守在推动学术出版、教育出版和专业出版发展的阵地上，为我国学术和文化实力的发展做出了巨大的贡献。我国大学出版社学科门类齐全、出版形式多样，拥有高质量的人文科学、社会科学、自然科学、技术科学及管理科学等方面的教材、学术著作和社会读物，图书和音像电子、数字网络各种出版形式并举，已形成完整成熟的大学出版体系。截至 2020 年年底，我国大学出版社数量已达到 110 家。

回顾我国大学出版社的发展历程，1955 年 4 月 29 日成立的中国人民大学出版社是新中国第一家大学出版社，由于历史的原因，该社于 1970 年停办，1978 年复社。另一家较早成立的大学出版社是华东师范大学出版社，该社创办于 1957 年，1959 年因国家调整出版事业而停办 1980 年复社。除此之外，所有大学出版社都是在 1978 年后成立的。如果把 1978 年作为大学出版社发展的起点，我国大学出版社已走过 40 余年的历程。

40 年多来，我国大学出版社的发展与我国整体改革开放紧密相连，其发展进程大体可分为以下几个阶段。

第一阶段：恢复兴建期（1970—1986年）。这一时期，大学出版社数量急剧增多，发展到66家，并且多家已有相当规模。在此情况下，中宣部、国家教委和国家出版局于1986年召开了第一次全国大学出版社工作会议，明确了大学出版社的性质、任务、地位、建设等问题，印发了《高等学校出版社若干问题的暂行规定》，标志着大学出版社体系的初步形成。

第二阶段：快速发展期（1987—2006年）。这一时期，各大学出版社把发展作为第一要务，狠抓出版规划、选题策划、经营管理，大大推动了大学出版产业的发展。2004年中国高校出版社共有98家，其中有10家的销售收入上亿元。而到了2005年，据不完全统计，全国大学出版社共计出书:70 659种，其中新版书27 820种，比1996年的出书20 200种、新版书10 316种有大幅度提高；2005年出书总码洋164.97亿元人民币，是1996年30亿元的5.5倍，销售实洋80多亿元，实现净利润近15亿元；全国大学出版社引进版权2 239项，输出版权442项，与1996年比，引进版权增长了近三倍，输出版权也有大幅提高。

第三阶段：转企改制期（2007—2010年）。2007年3月22日，教育部和新闻出版总署联合下发《关于高等学校出版体制改革工作实施方案》，4月22日，大学出版体制改革试点工作会议在京召开，由此我国大学出版社开始了市场化的探索。截至2010年年底，包括地方出版社、大学出版社、中央各部门各单位出版社在内的全国所有经营性出版社已全部完成转企，成为市场主体，中国出版业从此进入一个崭新的时代，大学出版社也面临着新的机遇和挑战。

第四阶段：发展机遇期（2010年至今）。转企改制完成后，经过10年的市场化改革和发展，大部分大学出版社摆脱了体制机制的束缚，调动了出版社从业人员的工作积极性，对更灵活的运行机制适应良好，抓住了发展机遇。如：广西师范大学出版社改制完成后发行码洋在2011年达6.03亿元，税前利润攀升至5700万元，2015年发行码洋9.8亿元，税前利润6053万元。北师大出版集团截至2016年年底，生产总值由2007年成立时的10.9亿增长到25亿元，总资产由4.7亿元增长到20.02亿元，净资产由4.4亿元增长到15.33亿元。四川大学出版社从2010年完成改制后，连续三年在图书出版和营销发行上都达到了20%的增长率。南京大学出版社2014年实现销售码洋3.44亿元;2015年，实现销售码洋3.64亿元；2016年，销售码洋达到4亿元，在社会效益和经济效益方面，真正实现了转型升级，产业发展迈上了新征程。但是，目前大学出版社中的马太效应凸显，北京大学出版社、清华大学出版社、中国人民大学出版社、北京师范大学出版社、外语教学与研究出版社、广西师范大学出版社等若干家有影响的大学出版社几乎在各个指标中都名列前茅，成为全国出版界的佼佼者，完全可以与一些出版国家队一较高低。而燕山大学出版社、浙江工商大学出版社、江苏大学出版社为代表的新成立的大学出版社及一些中小大学出版社，则普遍规模偏小，与各种奖项无缘，承担的重点出版项目也很少，而且在发展上遇到了所有权体制调整难、用人制度调整难、缺乏市场竞争能力、无法适应市场化的窘境，这就需要地方大学出版社充分发挥主观能动性，立足自身既有资源，进行增量改革，以提升自己的综合实力和市场竞争力。因此，大学出版社不仅仅要面对转企改制的内部挑战，还要同时面对外部环境的变化。中央和地方大型出版集团的组建，实现了集团内出版资源的科学整合和雄厚的资金融合，对大学出版社而言，要面对的是市场分割的不断细化和争夺。与此同时，学术和专业领域中也出现了许多社科出版社，比如中国书籍出版社、中国经济出版社、商务印书馆等，使得大学出版社的竞争形势更加严峻。此外，文化体制的深入改革、数字出版技术的冲击、国际出版巨头的竞争、民营出版的冲击等，也深刻地影响着大学出版社的发展。

为了应对出版领域中出现的这些新情况、新任务和新挑战，我们十分有必要检视我国大学出版社改革与发展呈现的趋势特点，目前我国大学出版社呈现出以下的基本发展形势。

1. 出版方向持续调整，发展速度逐步放缓

为适应需求变化，大学出版社持续调整出版方向。宏观数据表明，近年来大学出版社教材教辅的品种有所减少，学术著作、市场图书、工具书的品种显著增加，但重印书品种下降，单种图书印量下降，发展速度逐步放缓。整体规模的增长多受益于图书提价；整体利润的下滑源于出版方向调整、高校教材订购政策变化和教育生态的数字化转型。

2. 渠道结构转型升级，营销优化逐步实施

目前，大学出版社的销售渠道不再是简单的“主渠道”和“二渠道”，而是拓展升级到融合电商、馆配、新华书店、民营实体店、民营批销商等于一体的综合渠道，天猫店、店中店建设及经销商优化已成为大学出版社渠道结构调整的常规任务。

3. 重点项目日益增多，引领示范作用显著

在国家出版基金等各类基金的资助下，大学出版社主动规划的重点出版项目日益增多。重点项目的系列性、规模性、专业性和前瞻性显著增强，引领示范作用明显。这不仅推动了重点选题、大规模专业选题的开发工作，而且帮助大学出版社锻炼、培养了一批出版和营销专业人才，提升了大学出版社的出版品牌建设水平。

4. 板块分化日益加剧，销售库存喜忧参半

受教材市场竞争和馆配市场发展等影响，大学出版社的选题板块发生了很大变化。教材教辅板块缩小，学术专著和专业图书板块相对增大，对应的选题结构和出版板块出现了较大的分化。一般来说，核心拳头产品及其所在的主力销售板块维持了相对稳定的增长，但非核心产品、非主力板块的销售出现了下滑。一些曾经的核心、主力板块变成了非主流，成了非核心、非主力，销售见缓，

库存压力较大。

在这样的出版大背景下，研究大学出版社的发展，探讨大学出版社的成功经验，对于全国的大学出版社而言有着极其重要的借鉴意义。因此，本书试图通过对我国大学出版社的发展现状进行分析，解析影响我国大学出版社发展的因素，通过比较国外和国内大学出版社成功的发展经验，从企业核心竞争力的角度剖析大学出版社发展战略制定的原则、要求、目标等，以期能够找出适合我国大学出版社的发展战略，保障大学出版社健康持续的发展。

1.2 研究的意义

随着国家文化体制改革的进一步推进，大学出版社要更加自觉地以习近平新时代中国特色社会主义思想为指导，守正创新，准确把握文化产业高质量发展的新要求与着力点，秉持大学精神，科学理性规划，融合创新发展，努力在教育与学术出版领域做出新成绩，推动出版业更好地走出去，为我国文化产业高质量发展做出新的贡献。

从理论意义上说，研究新时期大学出版社发展战略不仅有助于对我国目前大学出版的发展现状有一个总体的认识，还可以帮助大学出版社清楚地认识到面临的挑战和机遇，探索相应的对策和战略，有助于大学出版社更快更准地找到自身的出版定位和发展策略，找到适合自身可持续发展的正确道路。从实践上来说，对国内一些优秀大学出版社的案例分析和对欧美等发达国家大学出版社成功经验的学习，可为我国大学出版社的发展道路起到一个指导借鉴的作用。

1.3 研究的目的与方法

1.3.1 研究的目的

在吸收、借鉴目前国内外专家学者关于大学出版社发展理论的现有研究基础上，借助对国内典型大学出版社发展模式的案例分析和经验总结，结合长尾理论、分众传播理论、市场细分理论等理论分析，探讨在新形势下转制后的大学出版社的差异化发展路径选择问题，指导转制后的大学出版社，根据产业特征、市场结构和自身实际，建立现代企业制度，形成科学有效的出版管理体制和充满活力的微观运行机制。

本研究的创新之处在于在正确认识大学出版产业的特殊产业属性和正确理解大学出版体制改革精神的基础上，为大学出版社的发展提出了差异化发展战略及具体路径选择方面的建议和思考。

1.3.2 研究的方法

本研究采取理论研究与实证研究结合、定性分析与定量分析兼顾的方法。

1.4 研究的内容与框架安排

本书共分六章，各章内容安排如下：

第 1 章　绪论。本章介绍了本书研究的背景及意义、研究的目的与方法、研究的内容与框架安排。

第 2 章　相关理论综述。本章对企业核心竞争力、出版企业核心竞争力的有关理论研究进行了综述与评价，阐述了核心竞争力理论对大学出版社的指导意义；对企业战略管理理论、大学出版社战略管理的相关研究进行综述与评价，阐述了战略管理理论对大学出版社的指导意义。

第 3 章　我国大学出版社战略发展环境分析。本章通过对大学出版社 SWOT 分析、PEST 分析及波特五力模型分析，详细分析了我国大学出版社当前面临的战略发展环境和发展机遇。

第 4 章　我国大学出版社战略管理体系构建的原则、要求及方法。本章通过论证大学出版社战略管理体系构建的基本原则、具体要求和构建方法，以期为大学出版社战略管理体系的科学构建提供战略指引。

第 5 章　基于核心竞争力的我国大学出版社发展战略选择。本章按照战略优化原则、明确战略发展目标、确定战略选择的顺序对大学出版社的战略管理进行论述，分析对比各战略方案。

第 6 章　基于核心竞争力的我国大学出版社战略保障措施。本章在上述各章研究的基础上，提出了大学出版社战略管理保障措施，以保证大学社战略管理目标的顺利实现。

第2章 相关理论综述

2.1 企业核心竞争力综述

核心竞争力（Core Competence）又称核心能力，是由普拉哈拉德（C.K. Prahalad）和加里·哈默尔（Gary Hamel）两位管理科学家在1990年首次提出。

从理论上讲，核心竞争力是一个综合性概念，它是一种在管理学中融入经济学和金融学的市场管理理论，是战略论、组织论、资源论和能力论的集合体，其中广泛涉及企业资源基础理论、企业能力理论、组织理论、战略管理理论等相关理论的内容。但是核心竞争力并不止于理论高度上，它更大的意义在于其长期建构的动态过程。一个具有较强竞争力的组织并不一定就具备核心竞争力，只有当它具备的这种竞争优势是长期的、持续的，并且还有具有不断创新的能力和新的延伸空间，这才是能使企业或组织始终保持其在行业领先地位的核心竞争力。

企业核心竞争力理论被广泛应用于社会生产经营实践的各个领域，备受广大企业家和经济学家的推崇。世界各国经济学者、战略管理专家围绕企业核心竞争的研究取得了瞩目的成果。

目前关于企业核心竞争力的观点有资源基础观、资源整合观、以资源为核心的不可模仿观、知识观、能力观。

2.1.1 资源基础观

这一观点的代表人物是巴尼（Barney）。巴尼的主要观点是：企业资源是企业核心竞争力的基础，也是企业持续竞争优势的最终来源。

巴尼认为，核心竞争力是企业所拥有的一系列复杂的资源（Resources）和能力（Capabilities），核心竞争力来源于企业的知识（Know-how）、经验（Experience）和智慧（Wisdom），能够在企业多元化的业务之间进行传递和共享。资源包括企业所控制的全部资产、能力、组织过程、信息、知识等，可以划分为物质资本资源（自然技术、设备和机器、地理位置、原材料获得渠道等）、人力资源（培训、经验、判断、智力、关系等）及组织资源（正式体系和结构及团体间非正式联系）。

根据企业资源，巴尼制定了判断企业核心竞争力的 4 种标准：

（1）价值性（Valuable）：核心竞争力必须有战略价值，能够使企业在市场环境中拓展机遇，避免风险；

（2）稀缺性（Rare）：核心竞争力在当前和潜在的竞争中是稀缺的；

（3）难以模仿性（Imperfectly Irritable）：独特的历史条件（Unique Historical Conditions）、原因模糊性（Causal Ambiguity）和社会复杂性（Social Complexity）；

（4）不可替代性（without Strategically Equivalent Substitutes）：竞争者难以找到稀缺和不可模仿资源的替代品。

1991 年，巴尼进一步提出了识别核心竞争力的 VRIO 模型。在 VIRO 模型中，巴尼将组织拓展性（Exploited by Organization）作为识别战略资源和核心竞争力的判断标准，详见表 2.1。

表 2.1　VRIO 模型

价值性	稀缺性	难以模仿性	组织拓展性	竞争优势
否	否	否	否	强
是	否	否	否	强
是	是	否	否	独特竞争力
是	是	是	是	核心竞争力

巴尼对于企业资源的阐述整理如下：

（1）如果企业所掌控的资源和能力不具备价值性，这种资源将难以帮助企业充分利用战略机遇，避免战略风险。基于这种资源参与竞争，企业将处于成本劣势，并导致获利能力降低。

（2）如果企业资源具备了价值性，但却不具备稀缺性，这种资源将为企业获得平均的绩效水平。因此，有价值但不够稀缺的资源难以产生超额利润，仅仅是企业的一种优势。

（3）如果企业资源同时具备了价值性和稀缺性，但不具备难以模仿性，这种资源将为企业带来短期的竞争优势。

（4）如果企业资源同时具备了价值性、稀缺性和难以模仿性，那么企业就可以通过运用这种资源而获得持续的竞争优势和超额利润。具备价值性、稀缺性和难以模仿性的资源并不是企业持续竞争优势的充分条件，因为，如果企业不能充分运用和开发这种资源，企业的潜在优势可能丧失，只有在企业内部充分拓展和整合这种资源的前提下，企业才能具备核心竞争力。

2.1.2　资源整合观

这一观点的代表人物是普拉哈拉德和哈默尔。他们认为竞争优势的获得来源于比对手以更低的成本和更快的速度构建核心竞争力，核心竞争力来源于整合公司资源（技术和生产技能等）。普拉哈拉德和哈默尔 1990 年在《哈佛商业评论》上发表的《企业的核心竞争力》一文中指出，核心竞争力是组织中的积累性知识，特别是关于如何协调不同生产技能和有机整合各种技术流的知识，并据此创造出超越其他竞争对手的独特的经营理念、技术、产品和服务。

普拉哈拉德和哈默尔对于核心竞争力原理的阐述整理如下。

（1）竞争优势的产生：从长期来看，竞争优势将取决于企业能否以比对手更低的成本和更快的速度构建核心竞争力，把整个公司资源（技术和生产技能等）整合成核心竞争力，使各项业务能够及时把握不断变化的机遇。

（2）核心竞争力的作用：多元化企业如同一棵大树，树干和几个主枝是核心产品，较纤细的树枝则是业务单元，叶、花与果实则属于最终产品，为大树提供养分和起支撑固定作用的根系就是公司的核心竞争力。

（3）全球竞争将是核心竞争力的竞争，各业务单元和最终产品仅仅是核心竞争力的结果。企业在打造核心竞争力方面的优势将是决定性的，这种优势将帮助企业在核心产品和最终产品方面领先对手。

（4）核心竞争力是组织内的集体学习能力，尤其是协调各种生产技能并且把多种技术整合在一起的能力。

（5）核心竞争力不仅仅是整合各种技术，还是跨越组织界限的深度协同工作，涉及所有职能部门和各个级别员工的参与和沟通，是把现有业务维系在一起的黏合剂，也是新业务开发的动力。

（6）核心竞争力需要培养和保护。核心竞争力不会随着使用增多而减少，反而会随着应用和共享增多而增强。

普拉哈拉德和哈默尔在文中对企业核心竞争力提出三种判断标准：

第一，核心竞争力能够为企业进入多个市场提供方便；

第二，核心竞争力应当对客户可感知价值有重大贡献；

第三，核心竞争力应当是竞争对手难以模仿的。

如果核心竞争力是各项技术和生产技能的复杂的融合，那么这项能力就难以被竞争对手模仿，竞争对手或许能够获得核心竞争力中的几种技术，但是要复制其内部协调与学习的整体模式却非常困难。

2.1.3 以资源为核心的不可模仿观

这一观点的代表人物是蒙哥马利（Montgomery）和科利斯（Collis）。蒙哥马利和科利斯是资源基础理论的代表人物，他们从战略管理的角度剖析了核心竞争力的本质，从关键资源的不可模仿性和积累性来探讨核心竞争力的形成，对于各类组织培育核心竞争力有直接的指导价值。蒙哥马利和科利斯在《公司战略：企业的资源和范围》（2005）一文中，通过详细阐述企业资源（Resources）的构成、识别和整合来说明核心竞争力的基本原理。

蒙哥马利和科利斯对于核心竞争力的基本原理阐述整理如下。

（1）企业资源分为三类：有形资源（包括房地产、生产设备、原材料等，是能够体现在公司资产负债表中的资源）；无形资源（包括公司声望、品牌、文化、技术、专利和商标，以及日积月累的知识和经验，是企业多元化扩张的价值基础）；能力（能力是资产、人员和组织投入产出过程的复杂结合）。

（2）核心竞争力的重要来源：资源的需求、资源的稀缺性和资源的可获得性，资源创造区域为三个圆中间的叠加部分，如图 2.1 所示。

（3）核心竞争力的判断标准：企业拥有能够创造顾客价值的，具有长期稀缺性和不可模仿的关键资源时，企业就获得了核心竞争力和持续竞争优势。

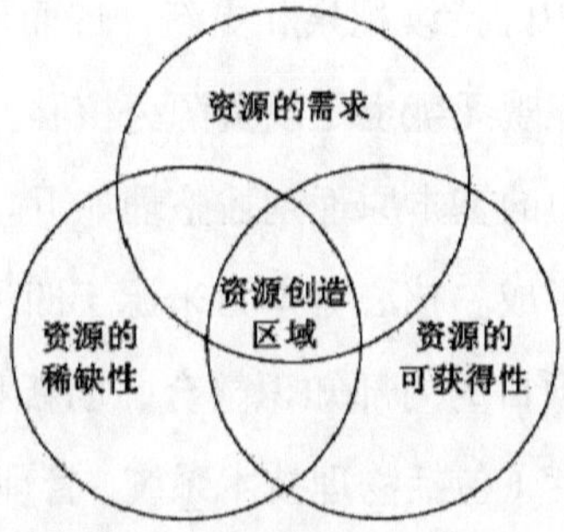

图 2.1 价值创造区域

（4）不可模仿性是判断企业核心竞争力最关键的标准，为此，科利斯和蒙哥马利提出“资源的不可模仿曲线”，用“不可模仿性”来衡量组织的核心竞争力，如图 2.2 所示。

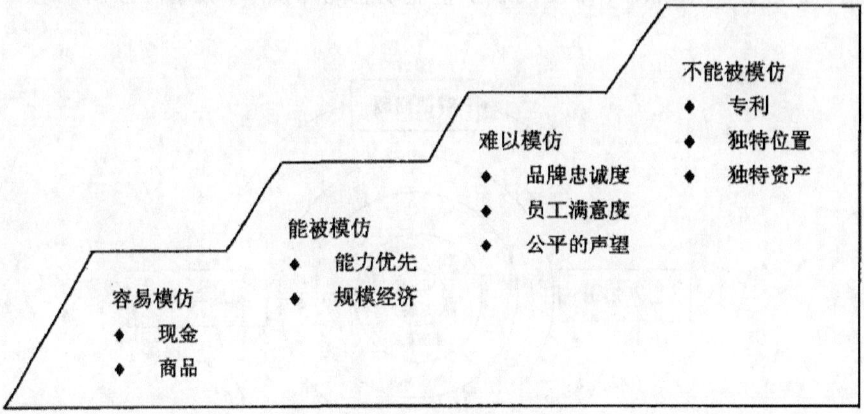

图 2.2 资源的不可模仿曲线

2.1.4 知识观

这一观点的代表人物是巴顿（Barton）。他认为，核心竞争力是一种有机整体（Organic Whole），包含知识的创造、积累和控制的过程。大量的知识和技能被沉淀到物理系统、流程、员工和产品当中，在公司的核心价值和管理实践的支撑下，实现对知识的持续积累和更新，进而形成核心竞争力。知识本身是一种资源，巴顿的知识观无疑也是以资源为核心。

巴顿对于核心竞争力的基本原理阐述整理如下。

（1）核心竞争力的形成。核心竞争力来源于四种独特的行动：解决当前经营中的问题、跨职能和项目的内部知识整合、创新和实验、引入外部知识。企业在知识资源的四种维度（包括物理技术系统，管理系统，员工的知识及技能，企业价值和规范）上不断实现知识的获取、共享、创造和应用，最终将知识和信息沉淀到管理系统、业务流程、员工和产品当中。在企业内部，企业的价值和规范维度决定了何种知识将会得到企业的支持和鼓励；管理系统，也就是企业内部的激励、沟通与培训系统，对企业知识进行管理和引导；员工的知识及技能、物理技术系统两个维度构成了企业动态的知识库，如图 2.3 所示。

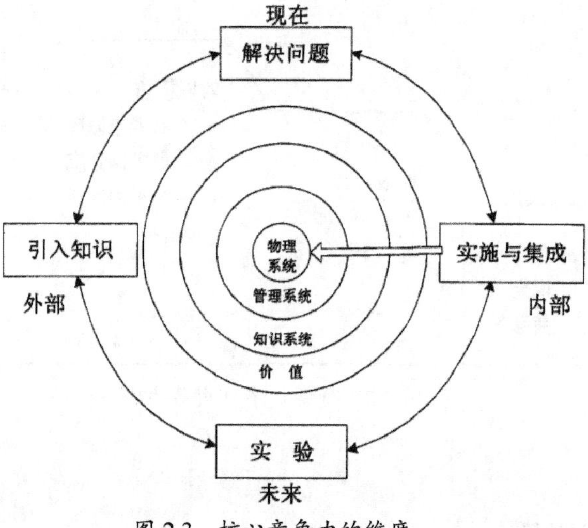

图 2.3　核心竞争力的维度

（2）核心竞争力不是自发形成的，而是经过不断精心设计、构建和维护而成，在这一过程中，企业要基于核心价值进行整体性（Holistic）和系统性（Systems）思考，不断检查并保持管理系统和各种要素的一致性（Consistency）。

2.1.5 能力观

这一流派的代表人物是美国学者希特。希特在其著作《战略管理：竞争与全球化》中提出，企业的核心竞争力来源于企业独特的资源，能力通过有形资源和无形资源的不断融合而产生。

希特对于核心竞争力的基本原理阐述整理如下。

（1）希特从战略管理的角度系统总结和对比分析了企业获得超额利润的两种模型：行业组织模型和资源基础模型。进而提出，战略管理过程就是公司为获得核心竞争力和超额利润而进行的一系列投入、决策和行动的完整过程。核心竞争力则是作为企业带来竞争优势的资源和能力。

（2）关于获得竞争优势的步骤：希特认为，应当遵循如下战略思路。第一，找出公司资源，研究其相对于竞争者而言的优势与劣势；第二，研究公司的能力，识别何种能力可以使公司战胜竞争对手；第三，从竞争优势的角度，研究公司的资源与能力潜力；第四，选择有吸引力的行业；第五，选择能使公司最大限度地利用其资源和能力发展外部环境的机会战略。

（3）核心竞争力分析框架：希特将获得部分优势的步骤与巴尼的判断标准结合起来，识别核心竞争力，从而厘清了企业资源与核心能力的关系，为企业识别和塑造核心竞争力提供了有效工具，如图 2.4 所示。

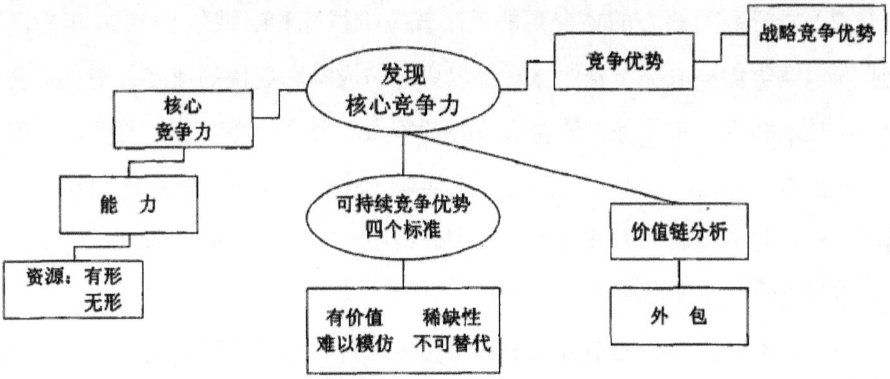

图 2.4　资源、核心竞争力和竞争优势原理图

（4）结论：核心竞争力来源于企业独特的资源组合，核心竞争力是竞争优势的基础。核心竞争力构建了企业创造价值的体系，企业通过这个体系寻求竞争优势和超额利润。

（5）关于资源和能力：资源本身并不能产生竞争优势，竞争优势来自多种资源（包括有形资源和无形资源）的独特组合。相对于有形资源（可见的、能够量化的资产）而言，企业的无形资源（根植于企业历史，长期积累的资产）更有可能形成竞争优势。能力通过有形资源和无形资源的不断融合而产生。企业能力使企业能够利用洞察力和智慧创造并利用外部机遇，建立竞争优势。企业能力建立在企业员工的技能和知识的基础上，知识是企业最重要的能力。极少有企业拥有在所有主要和辅助业务中实现竞争优势所要求的资源和能力。因此，对于企业自身缺少的能力和资源，企业可以选择外包，从而专注于创造价值的核心竞争力。

不同流派对核心竞争力的观点各不相同，汇总如下：

（1）资源基础观的代表巴尼于 2002 年提出了 VRIO 模型，通过价值性、稀缺性、难以模仿性和组织拓展性这四个关键指标的组合来识别战略资源和核心竞争力。该模型清楚地梳理了竞争优势的四个程度，弱、强、形成独特竞争力、形成核心竞争力，但是该模型并没有分析如何发现符合这四个关键指标的战略资源。

（2）以资源为核心的整合观的代表普拉哈拉德和哈默尔于 1990 年提出了企业获取竞争优势取决于企业比对手以更低的成本和更快的速度，把整个公司资源（技术和生产技能等）整合成核心竞争力。形成核心竞争力要整合的不仅是各种技术，还是跨越组织界限的深度协同工作，涉及所有职能部门和各个级别员工的参与和沟通。但该模型和原理分析中没有明确企业如何以比对手更低的成本和更快的速度形成核心竞争力。

（3）以资源为核心的不可模仿观的代表蒙哥马利和科利斯提出了价值创造

区域是核心竞争力的重要来源，他们认为企业拥有能够创造顾客价值的，具有长期稀缺性和不可模仿的关键资源时，企业就获得了核心竞争力和持续竞争优势。他们通过资源不可模仿曲线描述了企业拥有不同层次资源将具有的企业核心能力的强弱，并清晰地阐述了什么样的资源属于最难模仿的。但是对于这些资源如何形成核心竞争力，没有系统表述。

（4）以资源为核心的知识观的代表巴顿认为，核心竞争力是使企业独具特色并为企业带来竞争优势的知识体系。它包括四个维度：技巧和知识系统、技术系统、管理系统和价值观系统。核心竞争力将通过解决问题、内部知识整合、创新和实验、引入外部知识这四种行为来形成。这给我们提供了核心竞争力形成的一种途径。但知识资源作为核心竞争力的唯一资源，是否合适值得商榷。

（5）以资源为核心的能力观的代表希特从战略角度阐述了核心竞争力源于企业的独特资源，通过有形资源和无形资源不断融合形成能力，通过核心竞争力分析框架把企业的资源、能力、核心能力、竞争优势和战略竞争优势联系起来，从而厘清了企业资源与核心能力的关系。同时，提出了两种识别和建立核心竞争力的方法。第一，通过四种标准（有价值的能力、稀有的能力、难以模仿的能力、不可替代的能力）来判断哪些能力是核心竞争力；该方法没有明确如果找到核心竞争力的资源和能力。第二，进行价值链分析，找出企业有潜力获取和创造价值的业务，并分析该业务能否以优于竞争对手的方式来运作，或能否以竞争对手不能运作的方式来运作，并基于这种分析重组价值链。第一种方法，没有分析如何发现符合这四个关键指标的资源。第二种方法，较好地体现了资源、能力与企业价值的关系，进而使核心竞争力的分析更准确有效，但是没有反映企业核心竞争力的动态性。

2.2 出版企业核心竞争力研究综述

2.2.1 出版企业核心竞争力理论综述

费润民、禹鸿斌（2001）在《出版业核心竞争力初探》一文中提出了出版企业在选择和确立企业的核心竞争力的过程中，要从本企业的实际和市场需要的实际出发，根据不同的领先方式来确立其核心竞争力，提出了四种领先型的核心竞争力，即人力领先型、专业领先型、管理领先型和营销领先型。朱华明、陈文渊（2001）在《出版发行企业核心竞争力分析》一文中指出，出版核心竞争力包括对核心资源的控制能力，对市场的控制能力，创新与应变能力，经营和管理水平，信息处理的能力。王晓宁（2002）在《出版社核心竞争力探析》一文中参考普拉哈拉德和哈默尔的判断标准提出，出版社核心竞争力有三个方面的判断标准：首先，它能为出版社提供进入不同市场的潜力；其次，它对最终产品的受众价值贡献最大；最后，它是难以被竞争对手所模仿和复制的。文章认为，出版社核心竞争力的形成过程是在充分利用市场配置资源作用的同时，有效地集结、重组与整合其内部不同群体的不同能力，并把培育核心竞争力作为一个战略，从社长、总编辑到普通员工都要重视，核心竞争力的塑造和培育尤其需要团队精神。虽然文章没有对出版社核心竞争力给出准确定义，但从其判断标准和形成原理，都强调了出版核心竞争力的整合性、战略性。文章同时指出，出版社核心竞争力表现为质量、品牌、管理、学习力、整合力、文化力六个方面，包括出版社的发展战略、经营理念、管理过程、质量控制、服务体系、分销渠道、资产质量、领导班子水平、员工队伍素质和构成等。程孟辉（2002）在《出版社核心竞争力的八大要素》一文中指出，出版社核心竞争力的八大要素是领导人的综合素质及其人格魅力，经营理念和科学决策，管理机制，优秀的管理团队，强有力的人才队伍，知识结构，信息化管理、人才培养。王秋林、李义（2002）在《出版核心竞争力理论思辨》一文中指出，出版核心竞争力是指出版组织在从事知识积累和传播的过程中，为取得市场竞争优势，通过整合、协调其内部各种知识性和技能性资源而形成的独特的、不易模仿的发展能力、应变能力和创新能力。出版核心竞争力包括：制定出版组织长期发展战略；整合内部独特的出版资源；有效协调、变革内部业务流程；物化长期积累的隐性知识和技能的能力。出版核心竞争力的性质包括：知识、技能性、学习性、持久性、延展性、集合性。出版核心竞争力判断标准为：有价值的、异质的、完全不能模仿的、很难被替代的。概念和判断标准的重点在于核心竞争力是知识性和技能性的资源整合，具有不易模仿性、应变性和创新性。王晨（2003）在《论出版社核心竞争力的构建》一文中指出，出版社核心竞争力是由包括管理和编、印、发各个环节在内的主客体因素有机构成的，是在出版社不断进行结构调整的过程中产生的，本质则在于经营理念的创新。其判断标准包括3个方面：一是独特性，是竞争对手难以模仿、难以在市场上获得，不可复制的；二是整合性，是业务部门多种优势资源技能和不同优势技术的整合；三是核心竞争力的源泉在于出版社内部的活性。周玉波（2004）在《出版业核心竞争力及其培育》一文中，没有给出出版核心竞争力的定义，但将核心竞争力定义为企业开发独特产品、发展独特技术和发明独特营销手段的能力，它是组织中的积累性学识，特别是关于如何协调不同的生产技能和有机整合多种技术的学识和技能；是企业特殊性质的能力；是企业能拥有持久优势的稀缺性战略资源，它使企业在战略上与众不同。出版业核心竞争力的基本特征包括：知识性、辐射性、独占性、动态性。康军（2004）在《论我国出版社的核心竞争力》一文中认为，出版社的核心竞争力，通俗地讲，就是一个出版社有别于其他出版社而特有的，在所有竞争力中最基本的将技能、资产和运作机制有机融合在一起的一种能力，这种能力必须能够保证出版社持续生存和发展。文章从基础层面、载体层面、内容层面、物化层面、主体层面、制度层面分析、论述了出版社的核心竞争力。他认为判断标准为独特性、核心性、稳定性。蔡晓宇、乔东亮（2005）在《出版社核心竞争力构成要素探析》一文中提出，企业的核心竞争力对出版企业同样适用，所不同的是，出版企业的核心竞争力更强调它的高创新性、高文化属性和高客户价值。刘永红（2005）在《出版集团建设应正确处理核心竞争力与多元化经营的关系》一文中指出，出版集团核心竞争力具有以下几个特点：独占性，出版集团核心竞争力是一种独特的、高人一筹的、具有特色的竞争优势，难以被其他集团所复制、模仿和替代；持久性，出版集团核心竞争力的培育和建设需要一个漫长的过程，不能一蹴而就，同时，核心竞争力如品牌形象等一旦形成就会成为一种无形的竞争优势，历久不衰；延展性，出版集团核心竞争力不是一种固化的竞争力，而是一个动态系统，其延展性能够有力地支持出版集团向更有生命力的新领域延伸并获得成功。罗哲（2005）在《解析中国出版业的核心竞争力》一文中指出，中国出版业核心竞争力包括：高效务实的管理模式，核心营销能力，品牌号召力，具有高品质的核心产品，良好先进的企业文化。柳晓丽（2006）在《核心竞争力——出版社生存和发展的原动力》一文中认为，出版社的核心竞争力包含创新观念、改革体制、优化人才、创立品牌（准确定位，追求个性，注重选题，加强策划）、连锁经营。夏汉生（2006）在《出版企业文化与企业核心竞争力》一文中论述了出版企业核心竞争力的形成机理，对出版企业而言，一切能力都源于企业有效地配置和运用其现有的资源，而同时企业的组织结构制约着企业配置和运用资源的效率。真正能使出版企业从自身的能力体系中有意识地提炼和培养核心竞争力，更好地适应竞争，尚需要借助企业文化的筛选和推动作用。陶明远（2005）在《出版产业的核心竞争力及西部出版社核心竞争力的培育》一文中，总结出构成出版业核心竞争力的要素，对如下出版社以案例方式进行了分析：外语教育与研究出版社十大核心竞争力包括特色化的品牌战略、差异化的竞争策略、海纳百川的人力资源、开拓进取的创新精神、灵活高效的管理机制、具有特色的规模效益、综合利用的出版资源、高效运转的组织结构、战无不胜的市场营销能力、积极向上的企业文化；中信出版社的核心竞争力包括资本优势、专业优势、版权资源、品牌、企业文化；广西师范大学出版社的核心竞争力主要有市场观念、运行机制、品牌和人才。2006 年，全国图书出版业竞争力研究课题组在《全国出版社竞争力谁领风骚》一文中，对 517 家出版社以 LM 竞争力监测系统进行了竞争力排名，并对图书出版业中各类别出版社中的 10 家冠军出版社的竞争力进行了分析，得出结论，要成为超级的强社、大社，要具有可持续发展的能力，资本和造货的作用非常大，市场适应能力和赢利能力是这些出版社提高竞争力的最主要的杠杆。何志勇（2010）在《培育和提高出版业核心竞争力的八个途径》中认为，培育和提高我国出版业核心竞争力，首先要解决我国出版业的体制性障碍，要通过八个途径为出版企业营造一个良好的外部环境和内在的体制通道，这八个途径分别为：建立以市场为导向的出版营销体系、建立新型的政府与出版企事业关系、打破与市场竞争格局不相适应的出版与发行垄断、在出版业广泛引入现代企业制度、积极推进出版业的集团化建设、对出版单位进行不同方式的股份制改造、建立和完善出版单位的市场退出机制、加强出版业队伍建设充分发挥领军人物的作用。涂华（2012）在《出版社核心竞争力培育的三大关键点》一文中认为，出版社核心竞争力有两个不可或缺的关键性要素，一个是版权，就是要获得一定数量的优质版权资源；另外一个则是围绕版权展开高效的运营。文章进而指出，出版社要紧扣以下三个关键点来培养企业的核心竞争力：第一，要有获取作者资源的能力，抢占市场竞争的制胜点。第二，要不断拓宽渠道，建立多层次的营销体系。第三，要打造一支优秀的编辑人才队伍，提升出版品牌影响力。张朝生（2014）在《解析出版企业核心竞争力的五大要素》中通过对出版企业核心竞争力的结构解析，特别是对五大关键构成要素的分析，为出版企业从哪些方面建立其核心竞争力提供了方向：沿着核心竞争力的作用过程，一步一个脚印，从文化力、学习力、创新力、运作力、品牌力等五个方面培育出版企业核心竞争力。李瑞荣、刘益（2018）在《出版企业核心竞争力指标体系研究》一文中从企业资源整合能力、创新发展能力、营销推广能力、品牌塑造能力和效益获取能力五个方面构建了出版企业核心竞争力评价指标体系，并根据业内专家的调查问卷数据，采用层次分析法确定了各指标的权重系数。王加俊、吴从新（2019）在《“双一流”建设背景下高校出版社核心竞争力培养研究》一文中指出，高校出版社核心竞争力的培养可以从四个维度进行挖掘：找准高校出版社的发展理念与定位：品牌；找准高校出版社的源发动力：人才；找准高校出版社质量管理与分析的重点：运营；找准高校出版社所追求的价值观：文化。

2.2.2 出版企业核心竞争力理论评价

由上述研究可知，21 世纪以来，我国出版企业越来越重视出版企业核心竞争力的研究和实践，并取得了不少阶段性成果。但同时也发现，出版核心竞争力的研究者在实践分析过程中，因为缺乏对企业核心竞争力相关理论的深刻理解，没有进行系统的数据收集、分析和研究，使得出版企业核心竞争力的研究产生了一定的局限性，这些局限性主要表现在以下几方面。

（1）对出版企业是否具有核心竞争力的判断标准主要参考了普拉哈拉德和哈默尔的判断标准、巴尼的四个判断标准和希尼的判断标准，表述方式各不相同，如价值性、异质性、独特性、完全不能模仿性、难以替代性、整合性、创新性、可持续性等不同的表述方式。部分研究所列出的判断标准本身是同义重复或可以互相替代，如王秋林、李义发认为判断标准为有价值的、异质的、完全不能模仿的、很难被替代的。这其中完全不能模仿的本身就是很难被替代的。

（2）出版企业核心竞争力的构成要素研究，表现出一定的片面性，如部分研究把出版企业核心竞争力和战略管理混为一谈，如把差异化的竞争策略、具有特色的规模效益也作为出版企业的核心竞争力等；部分研究把出版企业核心竞争力的构成要素等同于资源，如认为出版核心竞争力就是一系列互补的技能和知识的结合。

（3）出版企业核心竞争力相关文献研究主要集中在概念、判断标准和构成要素方面，对于原理方面的研究非常少，这从某种程度上反映了出版企业核心竞争力研究的理论性不足，系统性和深入程度有一定的欠缺。出版企业核心竞争力概念、判断标准乃至构成要素的研究因为没有原理分析而显得割裂，有些结论得出是主观经验的结果，缺乏理论依据，这种研究对本书借鉴性不足。

（4）对出版企业核心竞争力的实证研究很少，而且研究基本上停留在定性研究的基础上，严重缺乏定量研究和分析。

2.2.3 核心竞争力理论对大学出版社的指导意义

从核心竞争力的内涵来看，它有三个关键因素：产品及其延伸“品牌”；市场，即营销渠道；团队，即人才等智力因素。产品是企业核心竞争力得以建立的基础，只有能为用户提供具有根本性价值的产品才有竞争力可言，只有具备了一定“品牌”的产品才可能具有长久的生命力，只有通过市场（营销渠道）企业核心竞争力才能得以实现，而人才更是核心竞争力的精神内核。

如此，如何建构我国大学出版社的核心竞争力，思路就很清晰了：①出好书，打造图书品牌；②建立人才库，从作者、编辑到营销人员，打造一个团队品牌；③建设渠道品牌，目标明确、反应敏捷、动作快速地抢占进而站稳图书市场。这三个方面是出版社核心竞争力建设的重要内容和关键环节，目前我国大学出版社在这些方面的发展取得了一定的成就，但是远远还未达到把其建设为自己的核心竞争力的水平，甚至有些大学出版社还没有建设自身核心竞争力的意识。

2.3 企业战略管理综述

“战略”一词首先被引入企业管理理论实践中，源于1938年美国经济学家切斯特·巴纳德的著作《经理人员的职能》，他认为企业战略这一因素不仅仅在企业常规的运营中，而且在制定任何决策之前都应把战略当成重要的因素去考虑。“企业战略管理”一词，则最早源于1976年安索夫所写的《从战略规划到战略管理》一书，书中认为，企业的战略管理是指将企业的日常业务决策同长期计划决策相结合而形成的一系列的经营管理业务。

继切斯特·巴纳德之后，涌现出了大批学者对战略管理问题进行研究，于是衍生出了战略管理研究的各大学派，其中计划学派、设计学派、定位学派、学习学派的观点最为典型。

2.3.1 计划学派

美国管理学教授、战略管理鼻祖伊戈尔·安索夫是计划学派的代表人物，“企业战略”这一概念由他最早提出，他将战略定义为：“一个组织计划怎样去达成其目标和使命，包括各种方案的制定和评估，以及最终确定将要实施的方案。”自安索夫首次提出战略协同概念以来，战略协同理论在企业层面得到广泛研究。他还在《公司战略》一书中提出战略是一条连接市场与企业活动的纽带的重要概念。出版了一系列的作品后，安索夫对战略管理理论的研究并未停止，他将战略按类型归纳为竞争战略和总体战略，战略内容包括产品增长、组织协调性、自身竞争优势和市场区域四个方面，企业决策者必须建立分目标，然后层层落实才能实现总体目标。

2.3.2 设计学派

战略管理理论中设计学派的代表人物是美国著名管理学家艾尔弗雷德·D. 钱德勒，他在第一本企业史专著《战略与结构：美国工商企业成长的若干篇章》中提出了“结构追随战略”的观点，认为只有适应环境变化的企业才能更好地发展。同时，在该书中，他还深入讨论了管理者如何运用战略思维经营企业，获得“环境－战略－结构”分析方法，提出了“钱德勒命题”。学者安德鲁斯和钱德勒是同一学派，他认为影响企业战略最大的因素是企业外部战略环境，企业内外部环境能力因素一致的过程就是企业战略形成的过程，一致性就是外部的威胁和机会与企业内部的劣势和优势相一致。

2.3.3 定位学派

一旦企业战略形成，企业还得考虑战略定位的问题，若是战略定位不明确，企业战略仍得不到有效的实施。随着世界经济的不断发展，企业间的竞争越来越激烈，对企业战略管理进行研究的学者更加兴趣高涨。定位学派的代表人物迈克尔·E. 波特在他的专著《竞争战略》中将战略定位明确地提了出来。他提出，企业战略的核心是获得竞争优势，而竞争优势取决于企业所处行业的盈利能力，即行业吸引力和企业在行业中的相对竞争地位。因此，战略管理的首要任务就是选择最有盈利潜力的行为，其次还要考虑如何在已经选定的行业中找到定位。波特不仅提出了战略定位的问题，还提出了被认为是无法超越的最前沿最权威的思想 —— 竞争战略理论。战略管理理论为企业的发展提供了强有力的理论指导。波特教授在 1980 年出版的《竞争战略》一书中为企业家提供了成本优势战略、差异化战略和缝隙市场战略这三种可供利用的战略。著名的“五力模型”就出自定位学派，他们还提出了价值链的概念，这些为今后企业战略研究提供了新的分析方法和理论支撑。但是，定位学派进行五力分析时忽视了对企业内部因素的分析，而只是关注企业所处行业的竞争状况。这也是在对企业进行分析时，不仅要运用“五力模型”分析外部战略环境，还要针对企业内部的战略环境进行分析的原因所在。

2.3.4 学习学派

20世纪七八十年代，战略管理理论中产生了一个新的学派，学习学派登上战略管理的舞台。詹姆斯·布莱恩·奎因和明茨伯格是这一学派的代表人物，奎因的《战略转变：逻辑渐进注意》是学习学派真正兴起的标志。学习的过程在他们眼里最为重要，企业战略的形成与不断的选择、学习分不开，二者应紧密相连。他们把战略的形成看成是一个应急的过程，亦是一个学习的过程。“学而不思则罔，思而不学则殆。”学习固然重要，但学习之后还要结合企业自身的问题去统筹规划企业战略，不然，也只是盲目学习。

除了以上几个学派，还有企业家学派、认识学派、文化学派、环境学派、结构学派和权利学派。在美国，企业战略管理理论还被归纳为三大学派，即竞争战略学派、资源配置战略学派、目标战略学派。

基于上述学派的观点，我们可以对企业战略管理进行解释：企业战略管理就是企业根据其外部环境与自身条件，结合其长期目标与短期计划制定企业的战略目标，为确保目标的正确实施进行策划并付诸行动，同时对整个实施过程加以控制管理的一个动态管理过程。而且，战略管理并非一成不变，它必然要依照企业外部环境及内部因素的变化不断地做出调整与完善。

2.4 大学出版社战略管理研究综述与评价

2.4.1 大学出版社战略管理研究综述与评价

我国学者有关大学出版社发展战略的研究，主要包括两个方面。

一是从大学出版整体方面谈发展战略。如蔡翔（2008）的《大学出版发展战略研究》对大学出版的体制特征与经济特征、发展的环境，以及目标和价值观进行分析，从整体上提出了大学出版社的发展战略，包括发展模式、资源战略和基本竞争战略等；木薇（2010）在《中国大学出版社发展战略选择的案例研究》一文中，对中国大学出版社内外部环境进行分析，并以H大学出版社作为案例进行发展战略分析，并提出可供H大学出版社选择的战略类型及促进战略发展的有效措施；宋瑛（2009）的《论新形势下高校出版社发展战略选择》，运用SWOT分析法分析高校出版社当前的优势、劣势、机会和威胁，并以此提出SW战略思路和OT战略思路；孙浩（2008）的《我国高校出版社发展战略研究》，对我国高校出版社的现状进行分析，也比较了高校出版社与其他出版社之间的差距，重点研究了高校出版社发展战略中的观念、定位、支柱和改革等四个关键问题，进而提出高校出版社的发展战略是要把握正确出版导向、构建特色经营战略、实施人才战略和创新战略；何小敏（2013）的《高校出版社转企改制背景下发展战略分析》在对转企改制后高校出版社内外部环境分析的基础上，分析了高校出版社的战略选择。

二是针对具体的大学出版社谈发展战略。如范广红（2004）的《新形势下郑州大学出版社发展战略研究》一文，对郑州大学出版社的外部战略环境运用波特“五力模型”进行分析，对内部的资源和竞争能力运用SWOT分析法进行分析，提出可以采取的两种图书出版总体战略模式，并进行分析比较和选择建议。孙浩（2008）在其《专业高校出版社发展战略探索——以中国矿业大学出版社为例》一文中，把中国矿业大学出版社作为研究对象，探讨专业高校出版社的发展战略，提出要以学术为本、立足高校出精品、强化内部管理并充分发挥编辑职能、建立有效健全的激励约束机制及加强与其他高校出版社的联合等对策。张建初（2017）的《高校出版社“十三五”发展战略选择——以苏州大学出版社为例》，从高校出版社发展战略的方向、优劣势分析、可行性分析、顶层设计等方面，阐述了高校出版社在制定“十三五”发展规划，确定企业发展战略选择时所需要思考、开展的工作和可以选择的路径，以期为高校出版社在“十三五”乃至更长时期内的发展提供借鉴。贲绍华（2020）的《出版社多元化战略研究——以广西师范大学出版社为例》对广西师范大学出版社进行分析研究，通过多元化战略的实施效果探究多元化战略对出版社的促进作用，发现出版社高质量发展与多元化战略是个统一的整体，品牌多元化与经营多元化的结合才能保证出版社的高质量，并据此提出相关建议。

2.4.2 大学出版社战略管理研究综述与评价

大学出版社的发展一直是国内相关期刊关注的重点，也是业界和学界的研究重点。分析相关的研究可以看出，国内外对于大学出版社改革和发展的研究主要集中在学术出版、人力资源、财务、品牌、图书营销、选题策划等方面，尽管目前针对具体一所大学出版社的发展战略进行的研究越来越多，但由于研究的客观条件有限，大多数研究的理论分析与大学出版社的具体实际产生脱节、比较生硬，不能很好地提出有针对性、可操作性的战略措施；有些研究不能牢牢地抓住发展战略的本质，不能从更宽广的视角去看待出版社的发展战略问题，导致所提出的发展战略举措思路比较常规，没有太多创新，对现实的指导意义不大。当前大学出版社面临前所未有的挑战和机遇，对大学出版社发展战略、发展路径展开更进一步的研究具有十分重要的现实意义。

2.4.3 战略管理理论对大学出版社的指导意义

当前，大学出版社正处在一个变革迅速的环境中，竞争日趋自由化，行业内部的改革力度不断加大。在此背景下，大学出版社不仅要承担来自社会的压力，发展经营必须兼顾道德、环保、社会责任等要素，而且还要不断创新及改善组织绩效。因此，企业战略管理对于大学出版社发展的重要性和必要性凸显。

企业战略管理理论对大学出版社的指导意义主要表现在以下几个方面。

（1）大学出版社要重视对经营环境的研究。这就要求大学出版社的管理者们在制定管理方案时，重视对企业外部政治环境与内部经营环境的深度研究，正确选择制定企业的经营发展方向与投资合作领域，从而保证企业经营与内外环境的适应融合。

（2）大学出版社要重视企业战略的实施。战略实施是企业在战略管理中的重头戏，它是在战略分析和战略制定的基础上对整个战略管理工作的行动阶段。这就要求大学出版社在战略实施的实际行动过程中，根据战略分析和战略制定的理论，结合出版社实际经营变化环境，对整个发展战略进行战略评估、调整和完善，保证战略使命的有效完成。在这一实施过程中，也要求大学出版社的管理与实施者具有高度的敏感的和超前意识。

（3）大学出版社要注意企业的日常经营与计划相结合，近期目标与远期目标相结合。在大学出版社战略实施的过程中，必须做到出版社的日常经营计划符合出版社的日常经营目标，从而保证出版社的短期计划与短期目标相符合，进而保证长期目标的有效完成。要达到这一目标， 在实际的操作过程中，势必会遇到各种困难与挑战，这要求大学出版社的管理者积极参与配合，给予整个战略实施项目充分的支持。

（4）大学出版社要重视战略评价，增强战略创新。对于一个企业战略管理计划实施的正确性与有效性，大学出版社的管理者一定要站在一个新的高度与起点上，结合出版社的战略业绩与成果做出客观深入的研究分析。大学出版社的管理者则应当高度重视战略评价结果，增强战略创新意识。进而为下一轮的企业战略管理的制定提供较为清晰正确的理论指导依据。

第3章 我国大学出版社战略发展环境分析

在现代企业管理制度下，要实现科学的企业战略管理，就要对企业所面对的各种环境进行有效分析。为此，许多人提出了各种各样的分析方法和工具，其中，最为广泛接受并应用的有 SWOT 分析法、PEST 分析法和波特五力模型。下面就利用这三种方法对我国大学出版社的战略发展环境逐一进行分析。

3.1 SWOT 分析

SWOT 分析是一种综合考虑企业内部条件和外部环境的各种因素，进行全面的、科学的评估，从而选择最佳经营战略的方法。S（Strengths）是企业内部条件的优势，W（Weakness）是指企业内部条件的劣势，O（Opportunities）是指企业外部环境的机会，T（Threats）是指企业外部环境的威胁。SWOT 分析过程可以分为如下几个步骤：

（1）评估当前执行的战略是否对企业发展有效。

（2）企业的关键能力和受到的关键限制。

（3）确定公司的核心能力、独特能力与资源的竞争能力。

（4）确认企业外部环境的变化，确定机会和威胁的出现。

通过 SWOT 分析，可以确定本企业应该采取增长型战略、扭转型战略、防御型战略还是多种经营战略。SWOT 分析模型如图 3.1 所示。

	优势 S	劣势 W
机会 O	SO战略（增长型战略）	WO战略（扭转性战略）
威胁 T	ST战略（多种经营战略）	WT战略（防御型战略）

图 3.1　SWOT 分析模型

利用 SWOT 分析法，对大学出版社的内部和外部环境进行综合分析，分析结果见表 3.1。

表 3.1　大学出版社战略发展环境的 SWOT 分析

S 潜在的资源优势和竞争能力： • 学校和出版社的品牌优势 • 出版物智能资源与出版物信息资源方面具有比较明显的优势 • 具有经验较丰富、专业水平较高的编辑 • 员工对出版社的忠诚度 • 国家税收方面的优惠政策	W 潜在的资源弱势和竞争缺陷： • 经济实力比较薄弱，大多数大学出版社发展模式单一 • 缺乏精通市场营销和编辑策划的复合型人才 • 缺乏合理的长期发展战略 • 内部激励政策的不确定性 • 缺乏切实可行的营销模式和市场策略 • 对作者和合作商缺乏服务营销的意识
O 面临的潜在的机会： • 出版社主管单位的支持（政策、资金和技术） • 政府和业务主管部门对出版业的优惠政策和出版范围的放开 • 学校品牌的提升对出版社的影响 • 出版社的转企改制 • 整体经济水平好转和国家教育政策的变化 • 与国际出版业交流合作范围逐渐扩大	T 潜在的威胁： • 出版集团及地方出版社的迅速发展 • 图书内容的同质化和重复出版 • 作者和供应商的议价能力增强 • 销售商的集团化和前向一体化 • 与国际交流的日益频繁，竞争也更激烈 • 企业化改革对管理者及员工思想观念的冲击 • 数字技术带来的挑战

根据以上对大学出版社面临的机会、威胁及自身存在的优势、劣势的分析，可以形成大学出版社的SWOT矩阵，具体详见表3.2。

表3.2　大学出版社战略发展环境的SWOT矩阵

战略	优势（S）	劣势（W
机会（O）	SO战略（增长型战略）： • 确定发展思路，向外拓展全面启动 • 加强制度建设 • 加速市场培育主动服务本科院校教学科研 • 配合国家本专科教育项目建设的推进，积极参与相关项目的高水平课程教材出版 • 推进具有各院校特色的精品教育教材出版	WO战略（扭转型战略）： • 实施多元化发展战略 • 拓宽销售渠道，采取图书订制的模式加强与图书电商的合作 • 学习其他出版社先进经验，借鉴其成功模式 • 通过各种途径引进及培养人才 • 强调制度创新；加强信息汇总及时沟通反馈
威胁（T）	ST战略（多种经营战略）： • 加强与民营出版企业的合作，对优质民营出版企业进行控股 • 加强与大型出版集团的联合 • 对纸质图书进行深度开发 • 加强新的品种开发 • 加强配套服务和立体化营销网络建设 • 关注行业热点，寻找新的增长点	WT战略（防御型战略）： • 加强监督审核，控制投资风险 • 加强终端客户的联系 • 巩固现有市场

3.2 PEST分析

PEST分析是指宏观环境的分析，宏观环境又称一般环境，是指影响一切行业和企业的各种宏观力量，对宏观环境因素做分析，不同行业和企业根据自身特点和经营需要、分析的具体内容会有差异，但一般都应对政治（Politics）、经济（Economic）、社会（Society）和技术（Technology）这四大类影响企业的主要外部环境因素进行分析，简称为PEST分析法。进行PEST分析需要掌握大量的、充分的相关研究资料，并且对所分析的企业有着深刻的认识，否则此分析很难进行下去。

政治方面分析的主要因素有政治制度、政府政策、国家的产业政策、相关法律及法规等。经济方面主要分析的因素有经济发展水平、规模、增长率、政府收支、通货膨胀率等。社会方面分析的主要因素有人口、价值观念、道德水平等。技术方面有高新技术、工艺技术和基础研究的突破性进展。

利用该分析方法对我国大学出版社当前所处的宏观发展环境分析如下。

3.2.1 政治环境分析（P）

政权的性质关系到政府对出版业干预的范围、原则。政权性质的稳定性是出版社外部环境中最为重要的因素，而且新闻出版一直被定义为国家的宣传机器和党的喉舌，忽视这一点，出版战略就脱离了最重要的现实。与此同时，国家是在宏观发展的总体思考下制定了文化产业政策。这是出版社最重要的外部环境条件。文化产业政策决定了对出版产业鼓励、引导和约束的力度，决定了对出版产业的布局和相应的财政税收等经济政策。如近年来国家陆续发布出台的出版企业集团化、分销渠道向国际资本和出版商开放、文化体制的改革等重大产业政策，必将深深影响出版社的发展前景。适应文化产业政策、随着文化产业政策的变化而变化，是大学出版社战略制定和战略调整的重要出发点和准则。

3.2.2 经济环境分析（E）

国家宏观经济水平的发展对出版业的影响主要有以下两个方面：（1）对

出版社发展速度与空间的影响；（2）对出版社经营成本与盈利水平的影响。根据有关测算，我国当前文化产业的现实购买量远远低于潜在的购买力，出版业增长速度低于 GDP 近年的平均增长速度。国民经济生活中可支配收入决定社会和个人图书购买力，它决定了图书市场的潜在容量，影响着出版社的发展空间。我们有超大规模的市场优势和内需潜力。我国人口近 14 亿，拥有世界上规模最大的中等收入群体。随着居民收入稳步增长和消费结构转型升级，这个全球最具成长性的大市场将更具活力。随着京津冀协同发展、长江经济带发展、粤港澳大湾区建设、长三角一体化发展、黄河流域生态保护和高质量发展等重大战略的扎实推进，资源空间配置效率将不断提升，进而释放出新的内需潜力。我们有庞大的人力资本和人才资源。我国劳动年龄人口近 9 亿，受过高等教育和拥有专业技能的高素质人才超过 1.7 亿，研发人员总量位居世界首位，能够为经济持续健康发展提供源源不断的人力和智力支撑。

经济发展速度和财政政策又影响社会总体购买力，影响着出版社的经营成本和潜在的获利能力。出版社如何适应市场，降低成本，必须考虑经济环境的影响。

3.2.3 社会文化环境（S）

社会文化环境对出版行业的影响主要集中在以下两个方面。①人口数量、分布和素质的影响。主要表现在：人口数量直接影响图书市场容量和劳动力成本；人口分布影响出版业的布局；人口素质和教育水平影响图书产品需求的层次和结构。②价值观的影响。价值观涉及外部环境的各个方面，是许多环境因素存在和变化的基础。对出版业而言，涉及如何处理社会效益与经济效益的关系，如何处理整体利益与局部利益的关系，如何处理与相关行业的关系，也影响到如何调动员工的积极性等。

我国有着世界第一的人口数量，形成了庞大的消费市场，具有强大的潜在购买力。尽管我国出版行业挑战重重，面临企业体制深化改革的重任、新技术新领域未来的选择与发展、实体书店与网店销售渠道的忧虑与困惑，但即便身处如此巨变之中，作为具有内涵丰富的社会文化精神消费需求的中国出版业，依然有广阔的前景。面对强劲且不断增长的文化需求，大学出版社面临的主要挑战仍旧是：寻找优秀选题并多出版好书；与作者紧密合作；通过种种方式与读者交流并寻求读者的认同。在此基础上，充分挖掘潜在的社会环境资源，整合并充分利用这些资源，实现大学出版社稳步、健康的可持续发展。

3.2.4 技术环境分析（T）

技术环境对出版社的影响是累积渐进的。一旦出现重大的技术突破，就会产生全面的和革命性的影响，根本改变企业的经营模式。由于传统的纸质图书给读者带来的特定需要的满足，在全球范围内，从整个图书出版业来看，技术环境还没有造成图书出版业的衰退，但是信息传播技术的发展改变了消费观念和消费习惯，占有了大量原来属于传统图书的潜在购买力，使出版社从行业内竞争扩展到行业外竞争。在出版行业内，电子出版、数字化出版、网络发行技术的迅猛发展，使出版生产经营方式发生了巨大的变化。所以，制定出版的发展战略必须考虑新技术的挑战。

近年来，数字出版技术日趋成熟，传播渠道日益完善，我国的数字内容投送平台已经形成了包括电信运营商、技术服务型、文学创作型、信息服务型，以及电子商务型五大平台。大学出版社为了应对数字出版对传统出版的冲击，应重视并研究探索新的出版形式，“如何能够建立数字出版的盈利模式”是大学出版社需要探索的重要课题。

3.3 波特五力模型分析

波特五力模型是美国哈佛商学院大学教授迈克尔·波特于 20 世纪 80 年代提出的。波特认为，行业中存在着决定竞争规模和程度的五种力量，即潜在竞争者进入的能力、替代品的替代能力、购买者的议价能力、供应者与现有竞争者的竞争能力，如图 3.2 所示。

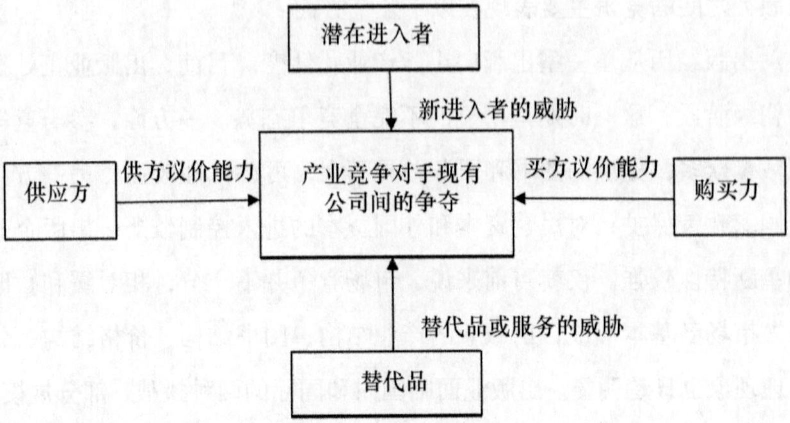

图 3.2 波特五力模型

运用波特五力模型进行分析，可以得到以下分析结果：

（1）行业的状况，如：行业的经济特征、行业竞争激烈程度、行业产品的集中程度、行业可利用资源状况、行业所处的生命周期等。

（2）企业进入行业的难易程度，行业中现有的企业所形成的进入壁垒，允许现有企业赚取经济利润，使预期进入该产业的潜在进入者无利可图的因素。

（3）根据产品进入市场的寿命周期，企业可采取相应的经营策略，从而最大限度地降低竞争企业的威胁。

（4）通过企业对上、下游讨价能力，分析出企业在行业中的地位，以及其各方面的实力。

（5）产业内现有企业间的竞争状况，企业在行业中所处的地位。

按照波特的观点，在出版行业中的竞争，存在着五种基本的竞争力量，即新进入者的竞争力、现有出版社之间的竞争力、替代品的威胁、供应商的讨价还价能力和买方的讨价还价能力。

3.3.1 出版社之间的竞争

出版社之间的竞争主要表现在以下几个方面：

（1）出版经历从单一型出版向出版产业化转变。目前，出版业正处在产业形成的初级阶段，这一时期呈明显的不完全竞争态势。一方面，参与竞争的出版企业数量众多，提供的图书和服务差异不大，可替代性较强；另一方面，出版业受国家政策保护，对民营资本和外国资本的进入控制较严，出版企业在竞争中的垄断特性较强。仅就目前来说，市场竞争并不充分，相对缓和。但是出版物买方市场已基本形成，出版业的产业结构、图书结构、价格结构、分配结构不合理现象也日趋明显。出版业面临国内和国际的两种挑战。部分规模较大、资金雄厚的出版社已把提高出版产业的集约化程度作为重点，走兼并、整合、参股、控股、交易、转让、租赁并建立以出版为主其他产业为辅的出版集团化发展道路。

（2）出版企业结构不尽合理，两极分化越来越明显。截至 2018 年，全国 119 家出版传媒集团共实现主营业务收入 3513.7 亿元，实现利润总额 319.5 亿元，共有 21 家集团资产总额超过 100 亿元。37 家在中国内地上市的出版传媒公司实现营业收入共计 1501.4 亿元，较 2017 年同口径增长 4.0%。在教育出版领域，中国教育出版传媒集团控股了人民教育出版社、高等教育出版社、语文出版社等出版机构，在基础教育、职业教育、高等教育资源开发和整合上都优于大学出版社。全国大型出版传媒集团、地方性出版发行集团从全国和地方的市场分别发挥优势，通过资本运作的方式，迅速完成对区域图书出版、发行市场的重新整合，进一步加剧了出版发行市场的垄断。

（3）国内出版企业竞争加剧。当前出版业的竞争愈发激烈，这种竞争主要表现在三个方面：第一，同类出版企业之间展开激烈的竞争。就拿教材来说，同质化现象非常严重，同一个专业，每年使用的教材选自不同的出版社，而教材内容大同小异。第二，国有出版企业和各类准出版企业之间的竞争，即出版社与各种文化公司、图书工作室与兼并和整合出版社的新华书店之间的竞争；第三，地域辖区之间的竞争。由于各省、市、自治区的出版社分布极为均衡，图书品种、业务类型也基本相同。造成人力资源的大量浪费，低水平重复出版和折扣战等问题愈演愈烈。

3.3.2 新进入者的威胁

目前，我国出版产业进入的主要壁垒是国家出版产业政策，出版业受国家保护，国有出版企业在竞争中的地位是不可动摇的。非国有资金（包括民营资本和国外出版集团）进入中国出版产业尚需时日，但是，随着经济全球化的发展，我国出版市场正逐步放开，各类准出版企业越来越多。

各类准出版企业，是指出版社与各种文化公司、图书工作室以采用联合出版、合作出版和其他方式的合作进入出版产业。近年来出现的诸多图书工作室、文化公司等直接进入出版业的核心业务即图书出版。从出版产业的发展来看，这是好的发展趋势，如果某一产业的利润率高于社会平均利润率时，社会资本就会以各种方式蜂拥而至，直接威胁着现有出版社的生存和发展。中国加入世界贸易组织后，出版业等文化产业对外开放已经势不可挡。此外，自 2003 年中国对外开放图书零售业务、2004 年图书发行批发业务开始向外资开放后，越来越多的外资出版企业进入中国。德国贝塔斯曼、英国 DK 公司、加拿大汤姆森公司、英国培生集团、德国施普林格、荷兰爱思唯尔、日本讲谈社等世界著名出版业巨头分别在在北京、上海等地建立了代表处或办事处。

3.3.3 数字化转型的挑战

21 世纪以来，数字出版发展的势头十分迅猛，呈现不可逆转的趋势，远远超过了传统出版的发展速度。传统出版业正面临着数字化转型的巨大挑战。数字出版已成为出版业发展的大势所趋，是一个绕不过去且必须重视的问题。在这种形势下，政府也积极出台政策，大力推行“数字出版”战略，主动应对信息技术变革对传统出版业的挑战。2010 年 9 月，新闻出版总署发布了《关于加快我国数字出版产业发展的若干意见》，不久，又发布了《新闻出版总署关于发展电子书产业的意见》。传统出版业该如何应对数字化转型这个挑战已成为传统出版业集团或企业工作任务的重中之重，这也是考验其应对变化发展、锻炼自我能力的一个契机。

3.3.4 供应者讨价还价的能力

出版业供应方有作者、出版经纪公司、提供纸张等介质及印刷设备的厂商等。其中，作者为出版社提供了智力上的支持，是出版社最重要的供应商。没有作者，就没有创作的原稿，出版社也就难以进行编辑、出版、印刷等一系列的生产。但是，优秀作者的资源较为稀少，优秀作者，特别是知名作者，是各家出版社重点争夺和培养的对象，这就导致了各家出版社在争夺作者资源时，作者的话语权越来越大。

3.3.5 购买方个性化需求的上涨

一个国家的图书品种与印数往往反映了一个国家的发展水平。通常而言，图书品种越多意味着文化科技的发展越快，意味着人民的文化需求越旺盛。据学者郑也夫研究，我国曾在 1000 多年中持续保持图书品种世界第一的位置。

但自 15 世纪中叶以来，我国图书品种增长缓慢。1600 年，欧洲各国拥有的图书是 125 万种，中国拥有图书 1.4 万种，前者是后者的 89 倍。而到了 1900 年，包括欧洲国家在内的西方的图书种类达到了 1125 万种，中国是 12.6 万种，同样是 89 倍。在这一发展过程中，西方图书反映的是工业革命以来科技、政治、文化等领域的新知，而我国图书局限于传统的经史子集。为了追上西方，中国用了 500 多年的时间才重新回到世界图书种类最多的位置。这一成就是近代以来几代中国知识分子和出版人不懈奋斗的结晶，是党的正确领导和改革开放伟大时代所创造的奇迹。2018 年，我国出版图书已超过 50 万种，其中新书超过 25 万种。但是要看到，教育类图书所占比例约 20%，其印数却占总印数的一半。除去跟风出版图书、雷同书、重印书、毫无市场需求的图书等，真正可供读者选择的品种是少之甚少。况且当今社会是一个多元文化并存的时代，读者的个性化需求越来越旺盛，出版社的竞争越来越激烈。大型销售企业的兼并和重组，特别是对出版社的兼并，使得使大学出版社不得不面临更加强大的竞争对手。

3.4 国内外大学出版社战略发展实践及启示

纵观当今世界一流大学出版社，他们虽然都具有一些共同的基本特征，如拥有专业的编辑出版人才、丰富的出版资源，母体大学的支持；等等，但是，世界一流大学出版社是一个比较性的概念，大家公认的世界一流大学出版社并不都是按照一种模式发展起来的，而是经历了多样化、个性化的发展历程。它们各具特色，各有差异，越是著名的大学出版社，就越有自已的特色，注重以多样性、差异性参与竞争，以差异化求发展。哈佛大学出版社在人文、社科及科学领域居于全球领先地位，是具有很高学术声誉的出版社；剑桥大学出版社每年发行 2 000 余种图书及近 200 种期刊，发行遍及世界各地 200 多个国家，为世界最大的学术与教育出版机构之一；牛津大学出版社以其出版物涉猎的范围广泛而著称，其中包括各个学术领域的著作、教科书、英语教学专业用书、工商管理著作、圣经、音乐、儿童书籍、词典、工具书、期刊等。考察英国、美国、日本等国的大学出版社可以发现，任何一所大学出版社的发展实践都是一个独特的案例，它们选择的发展模式和发展战略都是其他大学出版社不可替代的，它们之间的差异化发展经验都是值得探讨的。

3.4.1 国外大学出版社战略发展实践及启示

3.4.1.1 美国大学出版社的战略化发展实践及启示①

美国大学出版社被政府定位在“非营利机构”，其专注学术出版的定位十分明确。相较于我国大学出版社的体量，美国大学出版社基本都属于中小型出版机构。专注学术出版、不作为“营利机构”的本质，直接限制了其人才和图书品种的延展。美国大学出版社的年出版品种在其全国仅占 6%~7%，销售码洋占比更低，大约是 1.5%。但其在学术出版结构层面的专一性，也使得大学出版社在学术圈中具有无可比拟的地位。大量诺贝尔奖及其他国际奖项获得者的重要书稿选择在大学出版社出版，甚至许多学者教授自愿降低稿酬，就是要把书稿交给心仪的大学出版社出版。对于大多数美国大学出版社来说，学术出版就是他们的全部，很少出版教材。一是因为前期投入太多，二是因为他们认为教材的学术含量不高，不符合学术出版的定位。虽然为了增加经营收益、支持学术出版，部分出版社开辟了教材和大众图书市场，但整体来看只有一小部分。如耶鲁大学出版社在强化学术出版的同时，坚持每年出版约 80 种的优质大众图书，在大众图书市场已具备一定的竞争力；普林斯顿大学出版社也开拓了教材出版，但仅限于研究生的教材，占出版社所有图书种类的 10%~12%；约翰

① 王雅菲．美国大学出版社的发展启示［J］．环球出版，2016（2）．

霍普金斯大学出版社年出版新书 200 余种，在印图书 4536 种；加州大学出版社年出版新书 200 种，在印图书 4729 种。而普渡大学出版社、北伊利诺伊大学出版社、田纳西大学出版社等年出版图书均不超过 50 本[①]。

20 世纪 40 年代中后期，美国大学出版社还经历了一场有关存在意义的大讨论。事件起因是哈佛大学出版社因亏损和与大学管理层的嫌隙而险被关闭。为了劝说哈佛校长保留出版社，也为了向公众普及大学出版社的功能和意义，多位学者发起了一场为大学出版社正名的运动。这场讨论中最著名的宣言要属《大学出版社是否应该存在》。这份报告指出：大学存在的目的是进行教学和科研活动，是创造、保存及传授知识。大学需要亲自进行出版活动，因为它在学术出版领域具有得天独厚的优势——学者资源、学术质量保障、图书馆需求、教学材料需求——这些条件是任何商业出版社无法比拟的。至于盈利问题，报告认为，大学出版社虽是以学术传播为己任的非营利性机构，但其服务不是无偿的，大学出版社有权因其服务而获得收益并利用这些收益进一步提升其服务的价值，政府和大学自然也应该对大学出版社进行扶持。经过这次讨论，美国大学出版社存在的必要性得到确立，其价值得到了公众的认可，此后美国大学出版社的发展进入了鼎盛期。

20 世纪 50 年代是美国大学出版社的黄金发展期，这一时期的大发展是内外因共同作用的结果。其内因之一是职业培养和制度管理的完善。从 20 世纪 50 年代开始，大学出版社为学生提供实习和培训项目，美国大学教授协会（American Association of Univesity Professors，简称 AAUP）设立的各种教育项目为大学出版社的职业化和专业化发展提供了有力的支撑。此外，AAUP 还增设了由教授组成的编辑委员会对书稿进行学术把关，同行评议和专家外审制度得以逐步普及和完善，大学出版社的权威性得以树立。更重要的原因是高校学术需求的增加。早在 1901 年，耶鲁大学就要求教员的晋升按其学术产出而定。

① Association Of Presses. The Association of American University Presses Directory 2016[M]. University of Chicago Press,2016.

到 40 年代，绝大多数大学都已将论文发表或专著出版作为学生毕业和教师职称评定的依据。而随着同行评议制度的普及完善，从 20 世纪 50 年代起，学术出版成了获得教职晋升、学术声誉、物质奖励甚至在学术界的终身保障的必备条件，以致有了“不出版就死亡（publish or perish）”这句口号。

特殊的政治格局则构成了美国大学出版社兴盛的直接原因。美苏太空竞争刺激了美国对科技和教育的重视，进而惠及学术出版。1958 年《国防教育法》颁布后，政府为各级教育机构提供全面的经费援助，前所未有的充足资金流入高等学府，用以教学、研究、出版、兴建图书馆。

20 世纪 60 年代也是美国经济空前发展的时期，人均收入增加，被称为“繁荣的十年”，这为教育和学术的高峰创造了稳定的社会环境和经济支持。由此，20 世纪六七十年代成为美国大学出版社历史上绝无仅有的黄金时代，新建的出版社数量激增。1969 年，第一份关于学术出版的期刊《学术出版》（*Journal of Scholarly Publishing*）问世，它象征着学术出版作为一个行业和学科，有了自身的学科根据和研究方法。

但是到了 20 世纪 70 年代以后，美国大学出版社开始出现衰落，这主要是由三个方面的因素造成的：第一，从外因上来讲，越南战争使得美国的注意力发生了转移，高等院校及图书馆经费日益紧缩，导致大学出版社陷入销售困境；第二，从内因上来讲，缺少经济力量的大学出版社难以践行文化使命；第三，从大学层面来讲，大学出版社由于对本校教员的学术出版作用减弱而失去了本校的支持，逐渐被边缘化。大学纷纷减少了对其出版社的资助，一些财力较弱的大学选择出售或关闭出版社。面对困境，美国大学出版社采取了各种对策，具体策略如下：①重出经典著作，推出优秀学术新作；②拓展领域，面向大众市场，出版高质量文学作品和地方特色书籍；③同时出版精装书和平装书，减少在订购、宣传上的重复浪费；④建立区域大学出版社联盟，合并生产、印刷和营销以节省开支；⑤专设学术出版捐赠基金，寻找新赞助，筹款募资成为大学出版社社长的必备技能。资金短缺、经营困难自 70 年代以来就困扰着美国大学出版社的发展。1977 年，全美大学出版社的平均亏损为销售额的 11%，小型大学出版社亏损尤为严重，平均亏损达到纯销售额的 75%，少数就此歇业。这一情形即使在经济情势略有缓和的新千年也没有得到改观。2008 年，美国大学出版社中，预算出现赤字的比例高达 70%，22% 的大学出版社经费基本持平，只有 8% 的大学出版社能够盈利。可见，获得资金以保障可持续发展仍是大学出版社现今的重要任务。

进入 21 世纪，电脑和网络带来的数字革命给全世界各个行业都带来了冲击，依赖于纸质媒介的出版业首当其冲。尚未完全脱离财政困境的大学出版社又面临着巨大的机遇和挑战：电子出版、网络出版、开放获取出版成为新的生长点。美国大学出版社的电子出版是在十余年间发展起来的。1995 年，弗吉尼亚大学出版社推出了大学出版社的第一本网络图书。相比图书阅读周期较长的特点，学术期刊需要把最新的学术成果尽快推向读者，与电子出版形态相得益彰，所以此时电子期刊发展更加迅速。约翰·霍普金斯大学的“缪斯计划”（Project Muise）就是当时创立的人文学术期刊集合，现已成为美国影响力最大的电子出版项目之一。2007 年，美国约 78% 的大学出版社都出版电子期刊，证明以电子形式出版学术期刊已经成为大学出版社的常态。

当然，电子出版不仅是出版物形态上的变化，它带来的实质变革是通过网络传播实现的。大学出版社不仅要完成内容的数字化，实现订货、营销的网络化，更要适应内容的网络平台分享和传播。网络出版技术在 20 世纪 90 年代中期已经成熟。当时的先驱 Net Library 公司呼吁大学出版社将学术出版物和库存书目分享到公司平台，但应者寥寥。然而几年内，网络出版便显示出了无法匹敌的优势：生产流程精简高效，服务高度自动化，出版成本较低，传播迅速、覆盖面广。1999 年 Net Library 的出版项目已经吸引了 40 多家出版社，其中包含许多大学出版社。之后，不少商业实体如谷歌也参与到学术出版中来。与谷歌合作的大学出版社意识到，通过开放引擎的搜索，出版社的知名度提高了，学术图书的销量不减反增。此后传统的学术传播方式不断被挑战，大学的网络出版模式不断被刷新。

网络出版在近十年演变为全球范围的开放出版运动，这对大学出版社也是一个极大的挑战。开放获取出版的特点在于资源的数字化、在线传播及赋予读者宽泛的使用权限。相比传统出版，开放出版允许各种搜索引擎全文检索、甚至免费获取学术出版物，极大地促进了学术成果在世界范围的传播，造福于读者和作者，具有极高的公益价值。当然，在开放网络环境里，许多问题如正当使用、知识产权等都必须被重新审视。总的来看，开放出版已成为学术传播的大势所趋，2013 年，35% 的 AAUP 成员支持网上全文免费开放，还有越来越多的大学出版社致力于将全部学术成果免费开放给公众。开放出版已经改变了传统的学术传播模式和结构。在新形势下，大学出版社很难靠一己之力面对经济和技术的双重挑战。于是美国大学出版社开始了与各种机构的合作，其中最主要的有：其一，与同校图书馆合作。大学出版社与同校图书馆合作是双赢的选择：一方面，图书馆在信息技术、数字平台、机构数据库、行政资源等方面为出版社提供支持；另一方面，出版社则为图书馆进军学术出版领域提供优秀的作品资源、熟悉出版市场运作规律的专业编辑人才等。几乎所有的美国大学出版社都与本校图书馆有着项目性合作，不少大学已将出版社隶属于学校图书馆，两者还将有更深层的结构性整合。其二，与亚马逊、YouTube 等网商和社交媒体合作。许多大学出版社与亚马逊、谷歌及 Book Mobile 展开合作，将库存书目全部转为电子版本，支持谷歌图书搜索引擎的全文检索，并通过亚马逊和 Book Mobile 提供按需印刷（POD）服务。到 2013 年，89% 的美国大学出版社的库存书目都提供按需印刷或短期数字印刷服务。还有越来越多的大学出版社使用 YouTube 等视频网站、社交媒体作为学术出版物的营销平台。与多元媒介的合作进一步打开了大学出版社的推广门路。

当前美国大学出版社面临两大发展难题：第一，大学出版社作为一个出版机构，除了依靠“传播学术，服务公益”的使命感，归根结底是需要资金运作的，部分大学出版社仍在为收支平衡而挣扎；第二，新兴网络传播促成的开放出版，是大学出版社面临的重大挑战。

美国大学出版社的办社经验对中国大学出版社发展的启示：

首先，重视学术出版。大学出版社最重要的价值还是在学术出版领域，美国大学出版社即使在资金困难时期也坚持以学术出版为主，其精神可喜。其次，完善学术评价制度。规范的学术评议制度能极大地提高学术产出的数量和质量，巩固大学出版社的权威性。最后，尝试和探索开放获取出版。中国学术出版界应转变观念，认识到开放出版的意义和学术传播的走向，与同校图书馆、多元媒介合作，尝试开发新的出版资源，探索新的出版项目和模式。大学出版社也应该看到开放出版对学术传播和公众求知的非凡意义，推行开放出版，将知识散布到最广泛的人群中去。

3.4.1.2 日本大学出版社的战略化发展实践及启示

日本大学出版社的发展，从1886年到现在经历了初创、重建、发展3个不同时期，其出版内容从最初的教材，渐次扩展为兼有教材、学术、教养图书在内的三大主题出版。进入21世纪以来，日本大学出版社急速发展，目前全日本70余家大学出版社中有近1/3成立于21世纪的前10年但与此同时日本图书出版业却出现了整体衰退，图书销售额连续8年下滑。在2011年北京国际图书博览会上，代表30多所日本大学出版社的日本大学出版部协会，其参展的摊位不过四五平方米，其参展的样书不过120多种，除了学术书，既没有教科书和教学辅导书，又没有辞书和字典书，出现了历年来最惨淡的情形。和日本大学的信息不怎么公开一样，日本大学出版社的信息也是不怎么公开的。但是，大学出版社只要出书，就会编目录，就会卖书。所以，仅仅从近些年编辑的新书目录和发行的新书数量来分析，大致就可以做出日本大学出版正在陷入泥潭的基本判断。2011年，日本大学出版部协会出版了《大学出版部协会综合图书目录2011》（以下简称《目录2011》）。其中，收录了作为协会成员单位的 32 所大学 2010 年及 2009 年的图书出版目录和品种数量。

从《目录 2011》看，日本大学出版社持续萎靡不振。在 32 所大学中，2010 年，出版图书 100 种左右的有东京大学出版会；出版图书 90 种左右的有庆应义塾大学出版会；出版图书 50 种左右的有法政大学出版局、京都大学学术出版会和东京电机大学出版局；而其他 27 所大学出版图书从 30 多种到 0 种，其中，2010 年出版 5 种到 1 种的，有武藏野美术大学出版局、明星大学出版部、流通经济大学出版会、圣学院大学出版会、三重大学出版会、大正大学出版会和大阪经济法科大学出版部等。大阪经济法科大学出版部 2009 年出版图书品种为 3 种，2010 年出版图书品种数为 1 种。东京农工大学出版会 2009 年出版图书品种数为 1 种，2010 年出版图书品种数为 0 种。圣德大学出版会和剑桥大学（该大学与英国剑桥大学无任何关系，只是名称相同而已 —— 作者注）出版部，2009 年出版图书品种数均为 0 种，2010 年出版图书品种数继续为 0 种。这两家出版社被日本大学出版人自嘲为“大学出版社零出版两连冠”；长此以往，不出书的大学出版社会越来越多，大学出版部协会是不是将变成大学“不”出版部协会呢？从《目录 2011》看，在 32 所大学中，2010 年与 2009 年相比，出版图书品种增加的有 13 所；出版图书品种减少的有 19 所，后者包括出版图书品种排名前五、在日本大学出版中还算“抢眼”的东京大学出版会、庆应义塾大学出版会、法政大学出版局、京都大学学术出版会和东京电机大学出版局。新书出版非正常减少，这是十分少见的。2010 年，日本“大牌出版三社”的讲谈社出版图书近 2000 种，小学馆出版图书近 1000 种，集英社出版图书近 800 种。而同样在 2010 年，作为日本大学出版“标杆”的东京大学出版会，实际出版图书不过 117 种；作为日本大学出版“老前辈”的京都大学学术出版会，出版图书 54 种，比东京大学出版会的一半还少。另外，不是大学出版部协会成员的早稻田大学出版会，据悉 2010 年出书也在 100 种上下，且与 2009 年相比亦是减少。虽然数量不等于质量，但数量与规模是有联系的。东京大学出版会、京都大学学术出版会及早稻田大学出版会的新书出版数量，也从一个侧面表明，日本大学出版的市场规模明显缩小。2011 年 10 月，英国《泰晤士报》公布了 2010—2011 年全球大学排行榜。在亚洲，中国的北京大学排在第 49 位，清华大学排在第 71 位，台湾大学排在第 154 位；以色列的耶路撒冷希伯来大学排在第 121 位，特拉维夫大学排在第 166 位；日本的京都大学和早稻田大学都进入前 200 位，而东京大学更是排在第 30 位，成为全亚洲名副其实的“第一校”。然而，东京大学出版会曾因为出版面向西方国家的各种欧洲语言版学术书，被日本大学出版界誉为“第一社”，但由于效益连年下滑，入不敷出，却不得不在 2009 年终止了这方面的出版业务。2010 年，日本大学出版的销售收入大致为 25 亿日元，与十几年前的 40 亿日元相比，减少约 15 亿日元。由此发展下去，本来就不处在核心位置的日本大学出版，有可能进一步边缘化。《目录 2011》尽管不是日本大学出版的全貌，但 32 所大学遍布日本各地，其 32 家大学出版社应当具有典型性、代表性和普遍性。有关专家无不悲观地指出，日本大学出版在过去想的是如何做大，如何做强；在目前则想的是如何不再变小，如何不最终消失。

日本大学出版社的办社经验对中国大学出版社发展的启示：

日本的大学出版社在坚守学术出版、确保图书学术质量及应对数字化出版等方面的行事与对策，要领先于中国的大学出版社，值得我们去比较、思考和借鉴。首先，日本的大学出版社在坚守学术出版方面也是有代价的。除极少数出版社外，日本大学出版社主要还是从事学术书、教科书、教养书的主题出版，并不涉足文学或其他商业性的出版，由此就限制了其自身发展，造成了众多大学出版社小规模经营的现实。另外，少子化背景下的学生人数减少，经济不景气下政府学术资助的减少，都已成为日本大学出版社坚守学术出版之路时不容回避的现实。而经过企业化转型的中国大学出版社如今都已走上多元化的出版之路。然而，究竟是孤独的学术出版之路还是多元化的出版之路更具有持久性？这需要在今后的发展中予以验证。其次，日本的大学出版社在确保图书学术质量方面的相关对策是卓有成效的，各学科资深教授参与组成的出版学术委员会或编辑委员会及学校层面的“学术图书出版助成”都有助于遴选校内具有出版价值的学术资源。而目前中国的大学出版社很少设有类似的出版学术委员会或是编辑委员会。从确保图书的学术质量及有效利用校内学术资源的角度考虑，这些举措不仅有助于出版社学术声誉的提高，而且也是切实可行的。最后，日本的大学出版社在数字化出版上付出的努力是其之所以能可持续发展的亮点所在。无论是数字化过程中的 OCLC Net library 模式，还是流通过程中出版社-图书馆绑定式的销售模式，以及利用手持终端对考试习题集和其他学习参考资料的推销方式，都是非常具有日本特色的创新型举措。而目前中国绝大多数的大学出版社，对数字化传播方式的理解仅仅局限在网络销售这一块，只有极少数大学社能从传播方式和运行模式的创新高度加以理解。

3.4.2 国内大学出版社战略发展实践及启示

国际上，大学出版一般采取非营利模式，商业化运作比较成功的大学出版社屈指可数。牛津大学出版社和剑桥大学出版社是其中最成功的代表，但是他们诞生至今已经有四五百年的历史。美国的大学社自 1869 年康乃尔（Cornel）大学出版社成立以来，发展已逾百年。美国大学出版社从成立以来就以非营利性的学术辅助机构的身份存在，进入 21 世纪以来美国大学出版社的生存面临诸多挑战，从 2001 年起，大学出版社图书销售的增长率已经跌到了近年来的最低点，图书销售商的退货率也达到了高峰，而且一些大学出版社正面临着即将倒闭的风险，有极个别的商业操作比较成功，但也都已有近一个半世纪的历史。日本的大学出版社不以盈利为主要目的，组织形态多种多样，如股份公司、财团法人、大学的一个部门等，以刊行学术书、教养书、教科书为主，独立核算为其共同点。这些大学社用漫长的时间积累前行，缓慢发展，其成功是用时间和金钱累积起来的。与国外大学社相比，中国大学社的成长壮大有两个非常显著的特点：一是成长和发展的速度特别快；二是完全是靠自身的力量和努力快速发展和迅速壮大，而非依靠外部资金的注入和外部力量的介入。这是任何国家、任何一个国外大学出版社都不可比拟的。可以说，中国大学社的发展历史是完全中国化的和独一无二的。下面举例分析我国大学出版社发展的成功案例。

3.4.2.1 “一轴两翼”“内涵发展、自我裂变”——广西师大社模式

广西师范大学出版社（以下简称广西师大社）于1986年11月18日在桂林成立，作为全国首批转企试点的高校出版社，于2009年6月28日正式成立广西师范大学出版社集团（以下简称出版社集团），成为广西首家出版集团和中国首家地方大学出版社集团。出版社集团先后于2014年和2016年收购澳大利亚视觉出版集团和英国ACC出版集团，领先建成具有成熟的完整产业链的跨国出版集团，全面开启国际化战略发展，成为中国出版走出去的代表性企业。现拥有分别位于桂林、北京、上海、深圳、南宁等地及新加坡、澳大利亚、英国、美国、克罗地亚等国家的30多家企业，业务范围涉及图书期刊出版发行、电子音像出版、数字出版和知识服务，文化产品设计、印制、销售和文化服务，以及教育培训、会展、咨询、旅游、艺术品、地产等，形成了跨地域、跨领域发展的格局。出版社集团先后获得各级各类奖项数千项，其中有20多种图书荣获“五个一工程”奖、中国出版政府奖、中华优秀出版物奖等国家图书大奖，近10种图书获评“世界最美的书”“中国最美的书”；先后被国家教委（教育部）评为全国高校教材管理先进集体、先进高校出版社，被新闻出版总署评为良好出版社、先进出版单位；入选全国第二批数字出版转型示范单位、知识服务模式（综合类）试点单位，两次入选“国家文化出口重点企业”，连续5年进入中国图书海外馆藏影响力排名20强。在近些年行业机构组织的综合评估中，综合实力稳居中国大学出版社前十。广西师大社建社30多年来，始终沿着健康快速的发展轨道前进，规模不断扩大，从借款27万元起家，到2015年

销售码洋9.8亿元，利润6053万元，成就了中国出版史上的“广西师大社模式”。

广西师大社模式的成功经验主要有以下几点：

第一，立足实际，准确定位，在图书选题上打造“一轴（教育出版）两翼（学术人文和珍稀文献出版）”格局，在发展战略上走“内涵发展、自我裂变”之路。广西师大社在各发展阶段都能准确地认清自己所处的环境形势，依据自身的资源优势，立足实际，准确定位。在“做什么”的问题上毫不含糊，以市场为导向，以内容资源为优势，坚持打造教育图书大本营和人文社科图书与珍稀文献新基地。在“怎么做”的问题上，毅然选择依靠自身的内涵发展，从而实现自我裂变的道路。因此，广西师大社在战略上和战术上的定位都是准确的、科学的、成功的。

2000年，出版社整合南宁印刷厂与广西师范大学印刷厂，成立广西师大社杂志社；还对彩印车间进行股份制改造，增强其印刷经营能力。同年6月，对原有杂志进行改革，并增加新的刊种，积极实行“社刊工程”，迅速使杂志社扭亏为盈，并实现书刊互动。2000年9月，广西师大社在北京建立了贝贝特出版顾问有限公司，专门负责高品位的学术文化图书的开发，从而迈开了“走出去”战略的第一步。同年，广西师大社又筹建了桂林贝贝特电子音像出版社，使出版范围拓宽到电子音像领域。自2000年组建北京贝贝特出版顾问有限公司起，到2004年，广西师大出版社已经组建了5家有限公司。5家公司的创建，为广西师大出版社建构集团打下了基础，并且均有良好的发展态势。在经营业绩上，5家贝贝特公司从2006年起，每年产值至少超过一个亿。至此，广西师大社的集团化格局初步形成。2009年6月28日，广西师范大学社集团有限责任公司挂牌，成为我国第一家，且是唯一一家地方大学出版社集团。2011年广西师大社年发行码洋超过7亿元。

与此同时，广西师大社还通过在北京等地成立公司，突破身处桂林的地缘劣势，接近了文化中心的资源、销售渠道和营销网络，通过吸取当地的力量，迅速打开局面。这种内涵发展、自我裂变的发展模式，体现了广西师大出版社的积极进取，不仅增强了出版社的综合竞争力，更是为出版社将来的发展打下了坚实基础。

第二，长期致力于品牌建设，努力打造图书品牌、编辑品牌、作者品牌、活动品牌在出版界受到广泛认可与称赞，其良好的品牌形象提升了出版社的社会声誉，稳定了读者群，同时也提升了出版社的影响力。

在图书品牌方面，广西师范大学出版社自成立之日起，便努力履践文化使命，不断调整出版思路，优化图书结构，出版了一大批高品位、高水准、高质量的学术人文图书，在国内外享有盛誉。如“跨世纪学人文存”“雅典娜思想译丛”“温故系列”“大学人文系列”“中医文化系列”“钱穆作品系列”“木心作品系列”等优秀人文学术著作，打造了人文社科图书品牌系列，受到读者的广泛称赞。需要注意的是，广西师大社打造的图书品牌不是一个点，他们从不因某一图书品牌的成功而放松对其他图书品牌的打造，他们积极致力于打造图书品牌群，珍稀文献类如《中国明朝档案总汇》《中华民国史史料外编》《满铁密档》《美国哈佛大学哈佛燕京图书馆藏中文善本汇刊》《美国政府解密档案》等大型图书的出版，引起学术研究领域的高度关注。教育教辅图书品牌方面，《重点与难点解析与训练》至今畅销，是最早的中央电视台教育节目讲座用书；《英汉对照译注》畅销20年，成为教辅品牌经典之作；《高等教育学论》获第六届国家图书奖提名奖。

在编辑品牌的塑造方面，多年来，广西师大社在打造精品图书、打造品牌的过程中，为广大编辑的成长提供了良好的环境，建立了良好的考评体系和激励制度，为广大编辑提供科学化、系统化的培训，同时注重推介与宣传，培养了一批卓有成就的品牌编辑，如何林夏、刘瑞琳、郑纳新、龙子仲、赵明节。业内在谈及珍稀文献的策划和选题时就会想到何林夏，人们在谈及“温故”“陈丹青系列”时会想到刘瑞琳，甚至还会联想到她早些年的《老照片》，人们在谈及“中国大学讲演录”时会想起郑纳新，读者在选购“中医文化系列”时最先想到的会是龙子仲，读者在谈及“大学人文系列”时候会想到赵明节。这就是品牌的效力。品牌编辑还有很强的穿透力，他们能够将自己熟知的领域的选题无限地挖掘出来，形成品牌群。龙子仲主持策划的《思考中医》，畅销 15 万册，在出版社没有任何营销宣传投入的情况下，带动广西师大社“中医文化”图书系列的形成。赵明节主持策划的“大学人文系列”已成为著名品牌，广西师大社以他为核心，成立大学人文工作室以维护和强化这个系列品牌。

在作者品牌方面，广西师大社长期注重利用自身背靠大学的优势，充分开发作者资源，注重强化服务意识，满足作者的需要，同时注重提高出版社的品牌影响力，吸引作者。因此，出版社集结了一大批让其他出版社羡慕不已的品牌作者，他们当中包括柏拉图、韦伯、钱穆、余英时、唐君毅、唐鲁孙、冯友兰、朱光潜、牟宗三、白先勇、周国平、木心、陈丹青、梁文道等著名学者。品牌作者已经成为出版单位的核心竞争力与核心资源，对出版单位的图书销售具有很大的拉升作用。

品牌建设本质上是出版社的可持续发展能力的建设，广西师大社由一个地处偏远地的地方大学出版社成长为具有较大知名度的综合出版社，并在读者心目中树立了良好的声誉，就是其长期坚持品牌建设的最好实证。

第三，拥有一支优质的人才队伍。人才是出版社发展的关键要素。广西师大社能有如此良好的发展态势，取决于其拥有一支优质的人才队伍，其中出版社的领导人才是关键，编辑人才是基础，营销人才是保证。

领导人才方面：广西师大社第一届领导班子以时任广西师范大学校长王炜忻为班长，他们为了出版社的创办四处走访、尽心尽力。出版社成立之初，他们以极高的政治素质和业务素质，确保了出版社出版方向的正确和扎实起步，并在起步阶段为将来的发展打下良好基础。广西师大社第二届领导班子以党玉敏为班长，党玉敏兢兢业业、实实在在，业界现在还流传他带队做发行都住地下室的美谈。党玉敏主张“公事重法、私事重情”，在这种主张环境下，既有制度的规范性，又有浓浓的人情关怀，出版社形成了良好的工作氛围。出版社经济有了积累后，党玉敏等领导团队即刻认识到只做教材教辅图书恐难以实现做出版的理想，制定了“以书养书”的出版方针，在学术人文图书方面崭露头角，引领出版社向更高层次更宽领域发展。广西师大社第三届领导班子以肖启明为班长，肖启明33岁就被委以重任，是当时全国最年轻的出版社社长。年轻有魄力、有干劲，上任不久的肖启明以其明锐的洞察力感知原有教材教辅市场在严重分化，固守则对出版社的发展没有任何帮助，他决定率出版社强势进入学术人文图书和珍稀文献图书市场，走出一条“内涵发展、自我裂变”之路。在肖启明的带领下，广西师大社进入快速发展期，为广西师范大学出版社集团有限公司的成立打下最坚实的基础。

编辑人才方面：广西师大社拥有像刘瑞琳、赵明节、郑纳新、龙子仲、唐丹宁等这样一批优秀编辑，他们文化品位高、业务能力强、专业素养高、人格魅力高，能时刻走在各自领域前沿，引领着这个领域向纵深发展；他们是作者的朋友，是读者的朋友，他们在读者与作者之间搭起了心灵之桥；他们履行和完成了作为编辑的崇高使命，兢兢业业地选择和优化内容资源，传承和传播优秀文化成果。

营销人才方面：图书市场营销是一个动态变化的过程，广西师大社营销队伍都是在第一线冲锋陷阵。因此很能感知市场的脉搏，20世纪90年代就开始探索“渠道下沉”式营销发行模式，积极与民营书店搭桥牵线，推广自己的图书，这样的举措，催生了全国教育图书发行联合体。如今，信息化时代的图书市场营销是建立在科学化、系统化、日常化的基础之上的，读者市场由卖方转向了买方，图书市场营销的中心是读者，而非图书，即以人为本的经营理念。广西师大社的营销人才时刻感知市场的变化，很早就树立了以读者为中心的经营理念，建立了一支具有现代营销理念的营销发行队伍，这支队伍从选题策划开始，就对图书出版信息收集、市场调研读者定位、作者选择、装帧设计、图书定价、推广形式进行监控与反馈，精心策划，最大化地实现图书的有效销售，最大化地占有市场份额，增强出版社的市场竞争力。

第四，走多元化经营之路。广西师大社地处西南一隅，背靠没有鲜明专业特色与优势的广西师范大学，很难走出一条“专、精、优、特”的道路。面对教材教辅市场逐渐分化的情况，广西师大社决定突破地域劣势和领域劣势，走多元经营之路，实现了相关资源共享和产业互动，实现了利润的最大化，促进了出版社的快速发展。具体体现为：①“一轴两翼”。广西师大社不断优化图书，呈现出以教育图书为中心，社科人文图书与珍稀文献双翼齐飞的“一轴两翼”图书出版格局。②“社刊工程”。为寻求新的经济增长点，开辟市场，广西师大社 2000 年起开始启动“社刊工程”，成立广西师范大学杂志社，杂志社的成立开辟了新市场。创办《作文大王》《数学大王》《英语大王》，拓扩展了原有教辅市场。《新营销》《市民》拓展了广西师大社的新领域。《南方文坛》被誉为“中国文坛批评重镇”，强化了出版社人文社科品牌。③广西师大出版社构建了一条集图书、电子音像、照排印刷、批发零售、教育培训、会展、咨询策划、广告、旅游、房地产、艺术收藏品等业务于一体的出版传媒产业链。④突破地域限制，积极尝试跨区经营。广西师大社积极突破地域限制，在跨地区经营上取得良好发展。五家“贝贝特”公司，犹如“五朵金花”在北京、上海、广州、南京、南宁等地“盛开”，出版社跨地域、跨领域发展取得重大突破，经济规模与日增长，产品范围渐渐扩大。

第五，注重企业文化建设。广西师大社向来重视在出版社管理中坚守人文精神，他们主张“公事重法，私事重情”，注重人的差异性管理。广西师大社在管理中坚持以人为本，重视营造轻松、愉快的工作氛围，重视调动职工的积极性，重视对职工的理解和尊重，辩证地看待“在办公室的工作效率最好”这个问题。广西师大社有一段佳话：龙子仲是不喜欢白天上班工作的，他善于在晚上思考，他的才华和能量也只有在晚上夜深人静时方能彻底发挥。广西师大社的领导团队以其独有的魄力和宽容默许龙子仲白天不用打卡上班，让其充分发挥才干。要知道，打卡上班是多年的管理制度。广西师大社能够不拘小节，因人而异，关注到人的价值，这种管理方式是其坚守人文精神的最好证明。在薪酬管理方面，广西师大社执行绩效考核，奖优罚劣，最大限度地激发职工的工作热情。出版社强化职工事业心，大家更多地关注如何为读者服务，而不是功名利禄。

3.4.2.2 教材优先，学术为本，建设一流——北大社模式

北京大学出版社（以下简称北大社）是当代中国历史最悠久的出版社之一。北京大学出版社前身为1902年设立的京师大学堂译书局和编书处，著名翻译家、思想家严复担任译书局总办。1917年成立出版部。1952年，北大出版部撤销。1979年，教育部批准成立北京大学出版社，恢复了北大出版社建制。

在改革开放中获得新生的北京大学出版社，作为以人文社会科学为主的综合性大学出版社，坚持为教学科研服务、为人才培养服务，传播知识，积累文化，繁荣学术，服务社会的办社宗旨，坚持立足北大、面向全国、走向世界的开放办社模式，坚持“教材优先，学术为本，争创一流”的办社方针，取得了良好的社会效益和经济效益，成为国内有重要影响和良好声誉的大学出版社。

截至2018年年底，北大版教材共获各种奖项1124项，其中国家级20项，省部级424项。博雅大学堂系列中国语言文学、历史、哲学、艺术教材，21世纪法学系列教材，21世纪经济与管理教材，新一代对外汉语教材，21世纪社会学教材，21世纪外国文学教材等系列教材已经形成一定规模、产生了较大影响。“十三五”期间，北京大学出版社共承担“十三五”国家重点图书出版规划项目20项，《儒藏（精华编）》等25种图书承担国家出版基金年度项目，《外来规则与固有习惯——祭田法制的近代转型》等276种图书承担国家哲学社会科学基金后期资助项目，《清代经学著作丛刊（第一辑）》等21种图书承担国家古籍整理出版资助项目。

北大社模式的成功经验主要有如下几点。

第一，战略定位清晰。如选题战略（包括教材战略和学术战略）、品牌战略、

数字化出版、国际化战略等。

教材战略。早在20世纪80年代，北大就成立了教材建设委员会，统一规划北大教材。北京大学出版社依靠北大雄厚的教学、科研力量，同时积极争取国内外专家学者的合作支持，出版了大量高水平、高质量、适应多层次需要的优秀高等教育教材，包括研究生层次系列教材，大学本科中较高层次的精品系列教材（有些学科包括案例教程），大学本科一般层次的普通高等教育精编系列教材；远程教育、成人本科层次的系列教材；专科、本科层次的自学考试教材；高职高专系列教材，社会培训教材。重点建设基础学科教材、填补学科空白的前沿教材、反映教学改革成果的教材、具有学科竞争力的系列教材。为了配合教学需要，北大出版社组织策划了与系列教材配套的习题集、教学参考资料和教学案例丛书，自学考试教材的自学辅导丛书等教学参考、辅助用书，努力构建立体化的教材、教学用书体系。有的系列如大学英语教材还积极开发了网络化系列教材。北大出版社注意对教材进行全面追踪，捕捉信息及时修订，以跟上各学科的最新发展，反映该学科研究的最新成果，保持北大版教材的领先地位。

学术战略。学术图书方面，北大出版社坚持高层次学术的精品战略，体现四方面的结合：一是经典学术品牌与学术创新、前沿探索结合；二是单一学科的专深研究与跨学科综合研究结合；三是引进国外学术成果与国内学者原创结合；四是基础理论研究与为现实服务的问题意识结合。20世纪八九十年代陆续出版了《全宋诗》《北京大学数学丛书》《文艺美学丛书》《北京大学院士文库》《学术史丛书》《北大名家名著文丛》《北京大学青年学者文库》《潘光旦文集》《胡适文集》等在海内外产生广泛影响的图书。进入新世纪，又相继出版了《人文社会科学是什么》《名家通识讲座书系》《十三经注疏》《孙子兵学大典》《中华文明史》等，形成新的学术品牌。“十一五”期间，北大出版社承担了大型文化典籍出版工程《儒藏》等17项国家重点图书出版规划项目，项目数量也居大学出版社前列。

第二，北大社根据自身资源和经营情况，制定了“教材优先，学术为本，建设一流”的战略发展布局，力争形成教材和学术出版占70%以上，大众出版占30%以下的出版结构；在巩固有一定基础和优势的学科的基础上，根据国家政策和学校发展规划，在若干领域内形成新的优势和支柱，形成综合基础上的特色；以汉语和中国文化为突破，加大国外市场开发，使海外收益占到相当比重；强化质量和服务，以质量和服务扩大市场份额，从消极地适应市场向主动地引领市场迈进。

第三，构建资产管理机构、产权经营机构、出版社法人实体机构“三位一体”的资产管理与运营体系，设置合理的薪酬体系，吸引优秀人才，鼓励竞争上岗，实行绩效考核，真正实现了人员能进能出、岗位能上能下、工资能增能减的新局面，使内部组织结构和人员结构更加合理，干部队伍更加年轻化，企业活力进一步增强，市场竞争力迅速提高。主要工作为三个方面：①对各事业部、编辑室、下属文化出版公司进行独立核算，赋予其更大的经营自主权，强化了经营管理中的责、权、利统一；鼓励各学科领域根据不同的特点发展，提高了企业面对不断变化的市场需求的应变能力和速度。②进一步调整和优化人员结构，分工更为细化，工作效率和质量不断提高。③以国际化和专业化为目标，加强人力资源的引进和开发。

3.4.2.3 主题出版+“走出去”战略——人大社模式

中国人民大学出版社成立于1955年，是中华人民共和国成立后的第一家大学出版社。人大社目前年出书3000余种，发行码洋近10亿元，建社60多年来，累计出书万余种优秀教材和学术著作。中国人民大学出版社转企改制后大力开发马克思主义理论类学术著作与教材，聚焦重大时间节点、反映时代发展类主题图书，主题时政类畅销书。此外，人大社根据自身资源，近年来加大出版国际化的步伐，努力探索中国学术出版本土化的多样形式。如成立“一带一路”学术出版联盟、建立海外分社、共建图书出版中心、合建人文交流机制平台、密切配合中国领导人高访活动等。

人大社模式的成功经验：

第一，实施精品战略，提出了“以教材精品为主体、以学术精品和大众精品为两翼”的选题结构思路，为建设大社名社、建设内涵式发展出版企业加固、拓展产品基础。在出版规模扩大、出书周期缩短、精品图书增加的情况下，人大社从组稿、编辑加工、校对、装帧设计、出版印刷各个环节上加强了质量把关。

第二，按照市场化发展方向和我国发行体制改革的要求，对市场营销部进行了公司化改造，组建成立了准公司化管理的发行公司，根据人大社的实际情况，成立了教材发行中心、一般图书发行中心、直销中心和外版中心，从体制上为营销工作进一步贴近市场、做细做好创造了条件。

第三，对出版物的策划、组织、编辑进行进一步改造，探索适应现代企业专业化需要和市场规律的体制。2002 年，将编辑部门改造成经管、法律、人文、教培和外语五大事业部；2003 年，又在此基础上进一步拆分，组建了 13 个事业部（中心），使其有更大的发展空间和自主权，更加贴近市场。积极探索利用各种社外策划能力，先后组织成立了朗朗、博闻一方、诚文等文化公司，广泛联系各方面作者，拓展出版社的图书策划品种。

第四，在人事制度改革上取得突破，打破编制、身份的界限，不拘一格使用人才。人大出版社一方面研究市场经济条件下企业运作与发展的规律，在确保企业核心生产力掌握在自己手中的前提下，其他工作能够社会化的都走社会化的路子，从而尽力降低本社的人力成本；另一方面，优化社内现有人力资源的配置，实行按需设岗、公开招聘、平等竞争、择优聘用、严格考核、合同管理的用人机制。与此相适应，建立以岗定薪、岗变薪变、按劳取酬、优劳优酬、以岗位工资为主要内容的社内分配制度。由于加大了人力资源开发与管理的力度、科学考评的力度，从而最大限度地挖掘了员工的潜力，调动了员工的积极性、主动性，从而实现增效不增人，有的部门甚至实现了减员增效。

3.4.2.4 发挥自身特色，在专业上做深做透做强——北语社模式

北京语言大学出版社（以下简称北语社）成立于1985年，具有图书、期刊、音像、电子出版物出版权和互联网出版资质，是中国唯一一家国际汉语教学与研究专业出版社。北语社研发的出版物多次荣获中国出版政府奖、中华优秀出版物奖等国家级奖项。北语社以出版国际汉语教材、中国少数民族汉语教材、外语图书等语言类图书产品为主要特色，每年出版图书 1000 多种，数字产品 300 余种。北语社自 2004 年起开始实施海外扩张战略，借助版权输出，积极开拓海外市场。

北语社模式的成功经验：

第一，战略定位清晰。2004 年以来，北京语言大学出版社不断明晰自身发展战略定位，确立以来华留学汉语教材、海外汉语教材、少数民族汉语教材三足鼎立为龙头，以外语图书为侧翼，以对外汉语教材研发为后军的战略格局。基本思路是以纸质教材、电子音像产品出版、网络出版为核心，以传统语言培训和网络教育并行的培训模式为手段，形成教材研发中心、出版传媒中心、网络出版与营销中心和语言培训中心四大出版中心，构建国内营销、海外营销、网络营销三大营销网络的立体化营销渠道，实现传统出版、语言培训、网络出版、电子出版、网络教育的一体化协调发展格局。

第二，有良好的立体销售网络。北语社发挥自身能动性开发建立自己的立体销售网络。

首先，建设海外代理经销商，北语社向海外派出版权贸易工作人员，主动扩展海外市场，同国外出版社洽谈合作，开发海外代理商。到 2007 年为止，北语社的国外代理经销商已经达到 292 家，扩展到了 33 个国家。其次，北语社同国外版权销售公司合作。北语社同样是与圣智学习出版集团合作，但合作方式与外研社不同，北语社在国内大学出版社中第一次采取“麦当劳”经营模式的授权销售方式，圣智学习出版集团付费获得北语社所出版图书在英语国家

的独家永久销售权，并保证每年的销售额。北语社同博悦图书有限公司合作，输出《汉语会话 301 句》(北美版)，同样采取博悦图书有限公司购买该书的北美独家销售权的方式进行合作。此外，还与亚马逊公司（Amazon)、贝塔斯曼（Bertelsmann）等国际驰名出版公司建立伙伴关系，一同将对外中文教材推向世界。最后，除了传统的营销渠道，北语社于 2007 年开始建立全球化的电子商务系统，支持网上支付，这样可以更直接更快速地将产品销售到全世界的读者手中。北语社还建立了海外分支机构，2011 年北语社在美国建立北语社北美分社，这是国内唯一一个在海外建立的大学出版社分支机构，北美分社的建立使得北语社快速地融入北美市场，直接面对北美市场的消费者。

第三，与商业性出版社相比，北京语言大学出版社凭借北京语言大学的平台，具有显著的资源优势，主要表现在以下几方面。

首先，在人才队伍方面，北京语言大学出版社拥有一支学术水平高、专业技术好的编辑出版队伍。他们能与一线教师及时沟通，对科研成果具有一前瞻性，这为出版社开发选题创造了有利条件，促进出版社出好书，多出书。

其次，在学术范围方面，北京语言大学出版社依托高校的学科优势，开发重点学科选题，对重点科研项目、前沿课题进行动态跟踪，培育自己富有特色的品牌、精品。

最后，在文化交流方面，北京语言大学出版社具有高等院校提供的科技文化交流场所的空间优势，能够及时了解世界各国文化教育交流的信息和动态，掌握海内外高校教学科研的最新信息，有利于做好国内图书的“走出去”和海外优秀图书的“引进来”。

北京语言大学出版社具备整合学校学科资源和人才资源的优势，以不断研发以适应教育、科研为主的新教材，并不断培育自身品牌产品，不断强化，努力将国内的传统文化、优秀文化以教材输出的方式，传播到海内外，为中国图书对外推广和文化“走出去”奠定了坚实的文化基础。

第四，与主办单位的互动性较好。北京语言大学出版社与北京语言大学的发展是互动的。以北京语言大学为依托的北京语言大学出版社，具有优先使用语言学和专业人才的优势，使得尖端权威的学术课题与成果可以通过优秀的出版物和优秀的教材内容及时展现给海内外读者。因此，教材的编辑、出版和发行成为北京语言大学向社会大众传播知识与文化的重要途径。

3.4.2.5 专业出版＋精品出版＋学术出版＋多元化合作的发展之路——清华社模式

清华大学出版社（以下简称清华社）成立于1980年6月，是教育部主管、清华大学主办的综合性大学出版社。2009年4月，由国有独资全民所有制企业改制为有限责任公司。2014年10月，成立清华大学出版集团。清华社作为国内领先的综合性教育与专业出版机构，先后荣获“国家一级出版社”“全国优秀出版社”“全国先进高校出版社”“全国百佳图书出版单位”“中国版权事业最具影响力企业”等荣誉和称号。2007年、2017年分别荣获首届和第四届“中国出版政府奖先进出版单位”。历年来，清华社出版的一大批图书和期刊获得中国出版政府奖、中华优秀出版物图书奖、中国好书、中国最美图书等国家级奖励。清华社现年出版图书、音像制品、电子出版物等近3000种，年发货码洋达16亿元，销售规模和综合实力及在高等教育教材市场、科技图书市场、馆配图书市场占有率均名列前茅。

清华社现设有“计算机与信息”“理工”“经管与人文社科”“外语”“职业教育”“音像电子与数字出版”“少儿”“医学”八个分社和期刊中心、学术出版中心，下辖九个子公司，建立了完善的经营体系与集团化架构，实现了图书、音像制品、电子出版物、期刊和网络等多种媒体融合的立体化出版格局。其中，高品质、多层次、全方位的计算机图书是清华社的特色品牌，自1995年以来一直雄居我国计算机教材市场首位；依托清华大学强大的学科资源，理工和基础学科类图书已形成强势板块；经管与人文社科类图书也已跃居全国前列；外语、职业教育类图书一直保持着良好的发展势头。伴随着清华大学创建世界一流大学的步伐，清华社不断调整和优化图书结构，在文学、艺术、法律、建筑、少儿和医学等领域的出版竞争力不断增强，在全国图书出版市场的传播力和影响力得到显著提升。

清华社坚守学术出版使命，精心谋划布局，不断加强与清华大学“双一流”建设相匹配的高水平学术著作板块和学术期刊群建设，业已成为国内领先的综合性学术出版机构之一。在信息科学、航天航空、智能制造、能源环境、数理科学等自然科学领域及哲学、历史、社会、经济等人文社科领域出版了一大批学术精品力作，多次入选国家出版基金、国家重点图书出版规划等项目。2011 年 3 月，清华社成立期刊中心，加快了学术期刊集群化、国际化发展步伐。现出版学术期刊29种。《纳米研究》等6种英文科技期刊被SCI收录，多种中文期刊入选 CSSCI 及其扩展版等主要中文核心期刊数据库。

清华社重视国际化发展，积极开展版权贸易和合作出版，与多家国际著名出版公司建立了长期合作关系。在引进海外优质版权资源的同时，面向全球开展组稿，自主或合作策划的英文版学术著作和期刊已销往全世界，进入了国际学术界和教育界的视野。作为“中国图书对外推广计划”成员单位，清华社迄今已有近 800 项约 20 个语种的各类图书版权输出到北美、欧洲和亚洲国家，另有 400 余项图书的中文繁体字版在中国港澳台地区出版发行。

在数字时代，清华社积极探索融合发展模式，努力实现由单一出版产品形态向复合出版产品形态升级，从传统产品提供商向内容资源、技术、服务提供商转型。在大众知识服务领域，尝试根据内容策划全版权产品形态并通过自有及多形态的渠道分发产品；在教育教学领域，实现了“书 + 互联网”的教材升级，并规划实施了以文泉学堂为整体教育教学服务的教材转型方案，为高校师生提供教育教学的整体解决方案，与文泉学堂合作有 30 300 余种电子书，另有 75 083 个多媒体附件和课件、300 余门在线专业课程资源；在专业内容服务领域，一方面做好数字化期刊发布平台，另一方面努力打造基于知识树构建的专业内容服务平台，为专业人员提供线上服务。在多年的融合出版发展过程中，清华社积累了专业的数字教学产品研发团队、强大的推广销售体系、立体的教学服务平台，确保为学生提供丰富的学习资源和工具，为老师提供专业便捷的数字教学服务，为学校提供科学先进的教学管理方案。

清华社模式的成功经验：

第一，清华社突出计算机强势板块，形成特色产品群，发挥品牌引领力，进一步创新开发。谭浩强教授的《C语言程序设计》自2000年出版以来，已经发行1500万册；《计算机科学技术百科全书（第三版）》也已经修订出版。在计算机领域，清华社在教材、学术专著和引进国外先进成果的基础上，又加强了市场零售产品的研发。

第二，在理科、工科领域，清华社强调要占领制高点、抓住优势板块，夯实基础。理工类图书是清华社的立社之本，依托清华大学的学科优势，打造优势板块，进一步丰富完善理工类图书架构是出版社发展规划的基础。自"十二五"以来，清华版理工类图书架构进一步丰满，重点建设的有《清华大学机械设计基础系列课程教材》《清华大学机械工程及其自动化系列教材》《清华大学基础工业训练系列教材》《汽车典藏系列》等，其中张三慧编著的《大学物理学（第三版）》成为累计销量超过100万套（500万册）的集科学性、先进性、实践性、趣味性、民族性于一体的研究型经典教材；全国第一套"应用统计工程前沿丛书"和"清华大学动力学与控制丛书"的出版，进一步完善了出版社理工类图书的架构。

第三，建设重大出版工程，打造学术精品是清华社提升科技出版核心竞争力的又一着力点。清华大学出版社历来重视重大出版项目的示范带动作用。近几年来，清华社陆续出版了一批入选重大出版项目的精品力作。比如，《中国汉传佛教建筑史——佛寺的建造、分布与寺院格局、建筑类型及其变迁（三卷本）》《多语种水利机械词语（五册）》《工程机械手册（第一期10册）》《服饰中华：中华服饰七千年》《中华家具大全》《应急平台体系关键技术研究的理论与实践》《量子化学——基本原理和从头计算法》(上、中、下)《中国航天空间信息技术丛书》《肝脏外科学》《智能制造系列丛书(28卷)》等，它们有的获得国家科学技术学术专著基金，有的入选国家重点出版项目，有的获得国家出版基金，有的获得国家级图书大奖。

第四，清华社在加强学术专著出版平台建设的过程中，以清华大学的优势学科为主，以重大出版项目为抓手，以国家出版基金项目和国家级出版奖项为努力方向，建立具有国际品牌影响力的学术专著出版平台。同时，建立研究和跟踪国家重大科研项目的动态机制，培养一支在国内乃至国际相关学科领域知名的作者队伍。针对学术专著出版的特点，制订相关编辑人员的考核办法，制订专门的质量保障办法。同时，加大对学术专著“走出去”的投入。与此同时，加快“期刊群”建设的步伐，以清华大学优势学科为依托，建设具有相当规模的、具备较高学术竞争力和市场竞争力的期刊群。完成涵盖多层次、多学科，覆盖国内、国际市场，多种经营方式、多种传播形式的期刊群布局。以《纳米研究》为代表的期刊群已经形成，从而大大提升了科技出版在发展战略中的核心竞争力。

第五，加强重点平台建设，提供互联网信息内容服务和教学服务。清华大学出版社在2008年就与北京方正阿帕比技术有限公司建立了合作，签订了数字出版合作协议。基于阿帕比公司研发的“出版社数字出版系统”，清华大学出版社可以利用这样的平台进行各种数字出版业务。清华大学出版社又与新加坡电子书系统有限公司合作建设了数字出版网站——文泉学堂。这是一个涵盖网络书店、数字样书库、新书发布、在线投稿等多项功能的数字化系统。截至2011年，清华大学出版社的数字出版图书就已经达到了7000多种，并且有资料表明，目前还保持着平均每年增长4000多种的速度。除此之外，清华大学出版社对学校的期刊、学术著作等进行了归纳和整理，成立了先进的数字化期刊中心，专门用来管理宝贵的学术资源，并且如果有用户需要的话，还可以在线提供给用户。

清华大学文泉学堂做得比较成功的就是在线教育平台。主网站是文泉教学服务网，首先要在网站上注册成为会员，在这个网站的导航中有多项服务，例如样书申请、课件下载、院系书架等，然后根据自己的需求就可以寻找到清华大学各类教材教辅及优质的在线课程的下载，对于需要这类教材教辅用来进行课堂讲解的老师，网站还给这些老师提供专门的电子讲义。

清华大学出版社还与清华大学各院系建立了很好的合作，为他们定制专门的电子书架，满足不同专业老师和学生的不同需求，丰富而宝贵的学术资源为老师和学生们带来了很好的阅读体验，极大地便利了老师们的教学活动，满足了学生们的学习需求，在网站开通的短时间内，用户就呈现飞跃式的增长，树立了很好的品牌形象。

3.4.2.6 精品化、数字化、国际化，依托大学，树立品牌——浙大社模式

浙江大学出版社（以下简称浙大社）创立于 1984 年 5 月，是教育部主管、浙江大学主办的国家一级出版社。浙江大学出版社承浙大几代学人“求是”“创新”的精神，通过 30 多年的发展，成长为一个拥有图书、期刊、电子、音像和数字等各类出版资质，出版范围涵盖理工农医和人文社科等多个学科领域的综合性大学出版社。

浙江大学出版社坚持把服务党和国家文化战略与出版工作大局、服务学校“双一流”建设作为办社宗旨，以建设世界一流大学出版社为目标，积极实施精品化、数字化、国际化发展战略，力求以出版高水平、国际化、前瞻性的出版物作为实现大学价值的延伸。浙江大学出版社先后获得过数百项国家和省部级各类奖励和荣誉，被评为全国“百佳”出版单位、首届全国新闻出版行业文明单位、国家文化出口重点企业、国家数字化转型示范单位、第四届中国出版政府奖先进出版单位。

目前，浙江大学出版社下设艺术出版分社、人文社科出版中心、国际文化出版中心、科技出版中心、教材出版中心、大众图书出版中心、青少图书出版中心、数字出版中心、期刊分社等部门，下辖三个分公司，建立了完善的经营体系与现代化企业架构，实现了图书、音像、电子、期刊和网络等多种媒体立体化出版格局。

建社以来累计出版图书10000余种，数字和电子音像读物近千种，先后出版了国家级重大文化工程“中国历代绘画大系——《宋画全集》《元画全集》”，以及“中国科技进展丛书”《感染微生态学：理论与实践》等一大批有影响、受好评的优秀出版物。“十三五”以来，浙江大学出版社共获得7项中国出版政府奖，其中3项正式奖，4项提名奖。自2008年以来，获得国家出版基金项目21项，获得资助总额8648万元，位居全国前列；入选国家科技学术著作出版基金70余项，入选国家古籍整理出版资助14项，分别居全国大学出版社首位；入选“十三五”国家重点图书规划项目19项目，居全国大学社第5位。浙江大学出版社期刊分社（原期刊中心）成立于2008年，旗下目前共出版27种学术期刊，包含11种中文学术期刊，16种英文学术期刊，先后获得中国出版政府奖、百家科技/社科期刊奖、中国高校杰出科技期刊奖、中国最具国际影响力学术期刊奖等多项全国性荣誉，得到学界和业界的肯定。

浙大社模式的成功经验：

第一，依托出版社优势策划高水平项目。2012年以来，浙江大学出版社已有11个项目获得国家出版基金资助，其中2017年、2018年连续两年每年都有3个项目入选。2015—2017年入选的5个项目共获得国家出版基金资助318万元。浙大社入选项目都是高水平、高质量的项目，精心策划，准备多年，达到国内领先水平。第一，项目的作者团队基本是该领域的知名学者、专家。比如“中国大科学装置出版工程”的创作团队全部是建设、运营该大科学项目的科研院所，并且由所长、院士把关。例如《北京正负电子对撞机》一书的作者就是中科院高能所的所长王贻芳院士。《大国教育战略研究》的主编是国际教育研究方面的权威徐辉教授，《认知神经科学前沿译丛》的作者包含多位心理学会的理事长，《美国教育变革研究》的主编是教育史学会理事长张斌贤教授，《高考制度变革与实践研究》一书的作者是高考改革研究代表性学者刘海峰教授。由于有了国家出版基金的支持，浙大社可以约请更高端的作者，作者创作时也注意从国家水平的高度严格要求，对于提升图书的品质有更好的保证。第二，浙大社高度重视国家出版基金项目的编辑出版工作。社领导直接把控，并且组建了由首席编辑牵头、资深编辑组成的团队专门负责国家出版基金项目的策划、组织、申报、编辑工作，总编办、校对、印务、美编、其他编辑部门的编辑都全力配合，把国家出版基金项目的编辑出版工作放在首要位置，保质保量优先完成。这些图书出版以后均获得了读者的喜爱和高度评价。第三，结合浙大社的优势和特色，精心策划选题。一般基金项目浙大社都是先策划选题，再去约请相关领域的权威专家创作。通常需要提前3年开始策划、组稿，足够的提前量可以确保选题和稿件的质量。教育学和心理学是浙大社的传统优势项目，近年来，浙大社拓展了科普类项目，接下来将会策划更多文学方面的选题。浙大社会根据每个学科的特点来申报，教育学类则抓住教育热点难点问题，例如2017年申报的高考改革问题，2018年的“双一流”建设问题；科普类注重展示我国的科技实力，提升青少年科学素养；心理学则侧重学术水平和价值，一个门类每年申报一种。

第二，跨界联合，通过项目积聚资金、人才和技术。首先，联合学校有关学科，联合外面的一些研究单位，通过申报国家和省部级的一些项目来积聚人才和技术。比如，2007年通过申报浙江省重大攻关项目——“面向家庭的、个性化出版服务的关键技术和应用示范”，基本上掌握了整个数字出版的流程，积累了一些关键的技术，通过这个项目浙大社还申报了几项专利和软件著作权，同时也把人才积聚到一起。再比如，浙大社承担了浙江大学数字知识库和数字出版服务系统建设，同时面向教师和学生推出个性化的出版定制项目。另外，还参加了有关原数据规范的课题及有关文化遗产数据出版的课题，这些课题尽管不是对浙大社的数字出版业务有直接支撑，但是积累了人才技术储备，找到了一些可行的路子，所谓的项目渠道就是指解决这两个问题。

其次，产学研一体化研发解决了技术和内容的结合，解决了团队的问题。数字出版要长远发展必须要有自己的团队，成功的关键在于技术和内容的结合，谁结合得好谁就会掌握先机。在这样一个过程中，特别是承担项目的过程中，浙大社把出版社的资源、学校的学科资源、学校的信息化应用资源，包括社会上一些 IT 企业的资源整合到一起，通过不断承担项目，最后凝聚成了一个核心团队。

第三，构建"一带一路"重大项目平台，推动学术文化出版"走出去"。在人文社科领域，浙江大学出版社构建了"一带一路"重大项目平台，"一带一路"主题图书也成为出版社重点向丝路沿线国家输出的主要产品。目前，浙江大学出版社在"一带一路"沿线国家已取得较好的合作基础，每年版权输出数量和语种数量均稳步增长。同时，自建的"一带一路"国际出版示范平台，也入选了 2017 年度浙江省和国家文化出口重点项目。

第四，实行数字化、国际化战略。在国际化方面，从 2006 年开始浙大社就把国际化作为最主要的战略，最早就是借船出海，与斯普林格签订了战略协议，把中国科学家的作品通过斯普林格的平台推向全世界，与其共同打造的科技进展丛书，有六十几种。同时又和爱思唯尔建立了合作，出版了包括中国技能与技术及环境等方面在内的丛书，也建立了机制性的人员互访计划。另外，一些人文社科产品也在逐步推出去。

在数字化方面，目前浙大社大众数字阅读产品收入已在全国排名前三位，在移动阅读及各个电子渠道里，收入已达数千万元。而且每一个大众阅读部门都自觉把数字化作为选题论证、测算的一部分。还有一系列数字化教育出版产品，包括针对高校的互动电子教材、重点课程的电子教材及一系列碎片化产品，延伸了浙大社的优势。

在数字学术领域，浙大英文版和浙大社科版在全国最早实现在线优先出版，最早实现 DOI 数字标识系统等一系列技术的使用，使得这些刊物很容易和国外接轨，也很容易被客户检索。另外，浙大社还建设了机构知识库，比如浙大社建设的浙江大学机构知识库，据非官方统计是国内最好的或使用量最多的知识库之一。另外，还有数字化管理。2007 年开始，浙大社定制了 ERP 系统（企业资源管理系统），把所有流程都整合在里面，后来又做了数字内容管理系统、数字营销系统，等等。从数字的学术、数字的教育、数字的阅读、数字的管理到数字的营销，每一个传统的核心领域都已经把数字化元素注进去或已经达到了一定的结合程度。

目前，浙大社数字化收入占总收入的百分比达到了 20% 以上。另外，数字化对浙大社的产品形成了直接支撑，比如有些产品通过数字化平台，使得用户的忠诚度或黏度增加。有些产品是通过数字化来吸引作者的，比如高水平教材的开发。同时，还开拓了批量生产、批量分发系统，已经可以为其他出版社服务了。还有为有关管理部门做一些数字产品，等等，这些都是新开辟的领域。

3.4.2.7 我国大学出版社差异化发展的实践启示

（1）我国大学出版社要想在激烈的市场竞争中发展壮大，必须要有明确的市场定位，充分体现差异化，在差异化战略的基础之上，再根据自身的特点和时代的特征采取不同的战略，例如品牌战略、数字化战略、国际化战略等。

（2）应充分依托母体学校整合出版资源。华东师范大学出版社原社长朱杰人曾指出，我国的大学出版社与其母体大学、与高等教育紧密联合在一起。这种特性使我国大学出版社教育资源转化为出版资源，教育成果进入出版选题，学科教育优势转化为专业出版优势。大学出版社以高校为依托，与校内教师联系紧密，定会在第一时间获知本校有关的学术成果、创新信息。同时，由于大学出版社聚集了一批深受本校熏陶，熟悉本校学科专业，擅长相关专业知识加工的出版人才，完全有能力将本校及相关领域科学研究形成的思想方法和科技成果等借助出版物及时、系统地呈现出来，进而转化为社会生产力。这些成果转化得越快，带来的社会效益就越大。大学出版社要为学校的优势和特色资源搭建核心出版交流平台，要主动与专业院系建立紧密联系，依托信息渠道优势和出版社工作平台为各学院、教师策划出版教材和学术专著。另外，编辑通过经常跟踪一些学术会议，广泛结识相关学科领域的学术人才，同时将校外相关领域的专家学者聚拢到学校的学术平台上来，又可以为出版社培养优质的作者群体。因此，大学出版社可以依托母体大学的专业教育资源和教师资源，充分开发优质选题，积极占领相关市场领域，形成专业领域的出版优势。

（3）要重视数字出版，加强数字化平台建设。目前，大多数具有实力的大学出版社已经纷纷涉足数字出版领域，为大学出版社向数字出版的转型开了先河。但是，我们还应看到，我国大学出版社的数字出版仍处于初级阶段，绝大部分出版社依旧习惯于传统出版。大多数大学出版社向数字出版转型中都面临复合型人才匮乏、资金短缺、数字技术资源短缺的局面。另外，最核心的问题就是数字出版盈利模式的不成熟，这些要素制约了大学出版的数字化进程。虽然大学出版社在转型过程中有一定的限制因素，但是我们也应该看到其拥有的诸多优势，大学出版社拥有丰富的资源优势、人才优势和区域优势等。大学出版社数字化出版工作的核心应该是教育，因为大学出版社面对的主要读者群体是学生和老师。因此，应按照学生、老师这一读者群体的特点和需求，充分利用和挖掘高校的教育资源，把数字出版本身所具有的优势和学校的教育结合起来，发挥更大的作用。另外，大学出版社在明确自己的数字出版定位之后，应该把传统出版要素和数字出版要素结合起来，将文字、图像、音频、视频等多种媒体有机结合，为读者提供全方位的学习内容。大学出版社还可以横向或纵向联合，依托自身丰富的教学科研学术资源，打造专业细分的学术资源信息服务平台，这是大学出版社转型切实可行的道路。国内的很多大学出版社已进行了数字出版的实践，虽然这些实践并没有形成一个清晰的盈利模式，但是这些尝试对于大学出版社转型来说具有非凡的意义。如清华大学出版社建立的数字出版门户网站——文泉学堂。文泉学堂网站为我国高校出版社和广大读者提供网络出版和电子书的阅读和销售服务。目前，很多高校出版社也加入该网站，有数千种图书上线，随着网站的不断建设，将形成一定的规模。文泉学堂在实现网络出版基本功能的基础上，增加了一般网站不具备的电子书翻页阅读、资源分级下载、样书推送等功能。复旦大学出版社一方面将旧书电子化，满足读者少量购买绝版书的需求；另一方面对新书逐渐实施电子书与纸质书同步出版，先是理工经管和医学类，然后扩大到外语、新闻甚至部分人文教材。华东师范大学出版社一直在尝试数字出版的多种形态，其数字出版包括数字教育、数字阅读、数字支撑三个项目。其中，数字教育项目又分为数字产品和数字平台两个板块。

目前，我国的大学出版社，尤其是规模大的大学出版社在数字出版方面的平台建设已取得很大成就，为其发展注入了强大动力和支持，取得了巨大的经济效益和社会效益。以清华大学出版社为例，清华社的融合出版工作起步比较早，2010年，上线了数字阅读平台“文泉学堂”；2013年，出版社以文化产业发展专项资金支持的“智学苑”项目为核心，进行线上教学平台建设和课程资源开发；2014年，清华社开始重点建设“书问”项目；2015年，清华社以“会计仿真实训”项目的文化产业资金带动“智学苑”产品开发和建设；以北京市科委科技项目“定制化出版”为基础，对“文泉学堂”阅读平台进行POD业务升级，对“新时代交互英语”系列教材进行升级，开发“智语苑”在线英语教学平台；以光盘版《大学物理习题库》为基础，改造升级在线考试系统，开发了“益阅读”互联网云盘产品替代传统的光盘介质；等等。经过数年的发展，清华社已经拥有较完整的数字教育和阅读服务线上产品矩阵，可以为机构用户提供整体解决方案或为个人读者提供有针对性的服务，已有的内容资源足以支撑自有平台的运营。未来，清华社将进一步整合对外提供服务的产品，从品牌、资源、用户、运营四个维度发挥产品的协同优势。在建设重点平台对外提供服务的同时，清华社还组织全社编辑、发行、出版、信息中心等业务和职能部门积极进行数字化转型工作。如在原有ERP系统基础上升级改造编辑出版服务系统、图书印发系统和经销商服务系统，新建天猫服务系统和读者服务系统，以高效率对接外部网站，快速响应读者需求，提高内部各工作环节的流转效率。清华社多个线上平台在运营过程中与一大批互联网公司建立了广泛的合作关系，在为合作伙伴提供内容服务或特定功能服务的同时，也提升了作品和自有平台的影响力，为自有平台引流。例如，"书问"平台的导购和试读功能就与北发网、蔚蓝网、云书网、中国图书网、京东、当当等多个电商网站和出版社平台合作，短阅读服务与今日头条、腾讯网、网易云阅读、搜狐读书、和讯读书、京东阅读、中国图书网、当当、ZAKER，UC头条等众多互联网媒体平台合作。

（4）要重视线上、线下渠道建设和二者的优化组合。随着电子商务的快速发展和消费者购物习惯的改变，图书零售市场线上销售的总额及占比逐年快速增长。2015年的线上销售额占比近45%，2016年线上销售额更是首次超过线下，2017年线上销售继续保持增长势头，增幅达14.55%，销售规模突破400亿元。同时，随着近年来移动互联网的快速发展，非传统模式下各类新兴销售渠道在不断崛起，例如罗辑思维等，这些渠道以其特有的营销方式，为相关专业图书在线上销售提供更多的机会和选择，实现了精准锁定目标读者，提升并改变了传统营销工作的效率和效果，即将成为拓展图书零售市场新的生力军。在此背景下，大学出版社应抓住机遇，大力发展线上销售渠道。在这方面一些出版社已经取得了突出的成绩。2018年，广西师范大学出版社集团线上（仅包括当当、京东、亚马逊和网易）销售码洋超过4000万元，同比增长超150%；华文社线上发货占42%，与2018年相比有所增长；长江文艺出版社线上渠道占比38%，同比上升5个百分点；广西科技社线上渠道占绝对优势，同比小幅增长，其中当当销售最多，各平台均小幅增长。在大学社中，厦门大学出版社线上渠道占比为25%，苏州大学出版社线上占比约5%，占比相对并不高。2019

年上半年，湖南大学出版社线上渠道销售突破 100 万码洋，同比 2018 年增长 90%。在合作方式上，大学出版社可考虑与不同的线上内容运营商积极合作。例如，电子书产品可与亚马逊、堂阅、京东、咪咕等合作，音频产品可与喜马拉雅、懒人听书、天津广播电视台、上海童锐网络科技有限公司（口袋故事）、拓维信息系统股份有限公司（宝贝故事）等公司合作，视频课程类产品的合作伙伴可考虑一起作业网、咪咕、网易云课堂、淘宝教育等。

在线下销售合作方面，大学出版社要考虑与已有纸质书销售渠道合作，开展新的数字业务合作，为其提供课程、习题、教学资源库、图书等数字内容和平台服务，满足机构用户对数字内容和教学服务的需求。同时，出版社应积极联系开拓新的线下推广渠道，与线下合作渠道共同抓住当地院校采购数字产品（高校图书馆的电子书、数据库采购项目，以及院系的数字课程共建项目等）的机会，向各地教育主管部门推荐出版社的数字产品。

在未考虑中小学教材教辅特殊渠道的情况下，从近几年图书销售渠道的变化和整体市场的表现来看，线下民营渠道受用户购买和阅读习惯的变化、线上渠道的快速发展等因素的冲击而出现了较大程度的萎缩，全国各地民营图书批发市场、民营书店纷纷转向或关张。在全民阅读上升为国家战略的背景下，各地也相应出台了支持配套政策，部分特色民营实体书店凭借特色创新经营获得了政府支持，其发展开始出现逐步回暖的迹象。新华书店发行渠道适应市场变化，通过合作、控股、兼并收购等方式打破区域壁垒，实现平台合作创新，在政府采购项目、重大文化工程的参与度及作为城市文化新地标建设等方面继续扮演着中坚力量的角色。同时，在传统渠道不断发展变革的基础上，除馆配、系统团购、机场商超等特种渠道为出版社提供持续的销售增量外，出版社自营或有外来资本注入的合营实体店也不断涌现。

（5）要“引进来”，还要“走出去”。20 世纪 90 年代，一些大学出版社开始翻译引进海外图书，虽然目标性不是特别强，但是引进图书的社会效益及市场反响都非常好。在该阶段大学出版社主要通过书展来接触海外图书，通过现场选书的方式确定引进的图书。2000—2005 年，大学出版社版权贸易的工作重点仍然是版权引进，版权贸易发展进入理性思考阶段，逐渐根据所拥有的作者、编辑资源及大学的学科优势，规划了系列产品。

我国大学出版社版权贸易的健康发展离不开政府的支持、企业的主导和市场的运作。2005 年 7 月，我国开始正式推行“中国图书对外推广计划”，并于 2007 年 3 月 7 日启动《中国图书对外推广网》，积极推广中国文化，增进了世界对中国的了解。此后，在国家“十一五”规划的推动下，政府提出了文化“走出去”战略方针及一系列关于图书版权输出的政策和措施，如新闻出版总署发布的《新闻出版业“十一五”发展规划》明确地表述了我国出版“走出去”的目标和手段；国务院发布的《关于非公有资本进入文化产业的若干规定》就新闻出版、广播、影视等机构进行了文化体制改革的试点；中央颁布的《关于深化文化体制改革若干意见》提出对我国的出版界进行改革等。继此之后，2011 年 4 月 20 日，我国国家版权局根据《中华人民共和国国民经济和社会发展第十二个五年规划纲要》及《国家知识产权战略纲要》，又颁布了《版权工作“十二五”规划》，进一步提高我国图书版权贸易创造、运用、保护和管理的能力，全面提高我国版权工作的整体水平。在“十二五”时期文化“走出去”战略中，提出了关于新闻出版的几大工程，主要有：①“经典中国”国际出版工程；②中国出版物国际营销渠道拓展工程；③重点新闻出版企业海外发展扶持工程；④两岸出版交流合作工程；⑤中国国际图书展销中心建设项目。在 2013 年，贯彻落实党的十八大关于全面深化改革的战略部署，中国共产党十八届中央委员会第三次会议中，进一步研究了《中共中央关于全面深化改革若干重大问题的决定》，阐述了文化“走出去”的重要性。这一阶段，传统产业发展与科技创新，给图书版权输出贸易的发展带来了新的机遇和挑战。国家政府对图书版权“走出去”的大力扶持，为我国图书出版机构创造了较大的竞争优势，在新时期、新政策的指导下，我国图书版权输出贸易必将迎来一个大的跨越。

中国大学出版社一直是出版“走出去”的积极践行者，2016年“中国图书对外推广计划”年度综合排名中，前16家上榜的单体出版社中有7家为大学出版社。2013年我国提出“丝绸之路经济带”和“21世纪海上丝绸之路”两大合作倡议，为响应这一倡议，2014年12月，中宣部立项设立“丝路书香出版工程”，这一工程成为中国新闻出版业唯一进入“一带一路”倡议的重要工程。“丝路书香出版工程”给大学出版社“走出去”尤其是“一带一路”“走出去”带来了新的机遇。早在2014年，云南大学出版社、北京语言大学出版社与人民教育出版社三家申报的项目直接入选“丝路书香出版工程”。在翻译项目方面，2017年“丝路书香出版工程”全部272个重点翻译资助项目中就有74个项目花落大学社。在出版物数据库推广项目方面，2016年，广西师范大学出版社启动了“面向海上丝绸之路的汉字文化综合传播平台”项目，重点打造反映东盟国家各类信息及我国和东盟国家交往情况记录的综合性知识库。外研社则成立“一带一路”语言服务中心，打造从出版到数字内容、网络平台的全方位内容资源；策划了“新丝路外语101”“新丝路区域与国别研究”“新丝路人文经典译四”三大系列图书，并陆续上线“一带一路”国家语言服务中心网站、中国语言文化数据库等数字平台。从内容到平台，大学社的“走出去”成果可谓全面开花。在众多的大学出版社中，中国人民大学出版社（以下简称人大社）“走出去”战略启动较早。在“中国图书对外推广计划”年度综合排名中，人大社曾八年内连续获得四次第一、四次第二的好成绩。人大社长期致力于打造中国学术出版国际化品牌，意识领先，布局全面，发展强劲，形成“借力国家利好政策走出去”“打造精品版权走出去”“创立海外分社走出去”“跟着母体走出去”“搭建联盟平台走出去”等模式和经验，使得他们的“走出去”呈现轻资本、高效益，“以软实力拉动为主”的特点。

（7）要重视编辑人才的培养和引进。人才永远是推动企业发展的根本动力，没有保质保量的人才作为基础，企业就不可能获得光明的发展前景，对人才的竞争就是对出版社未来的竞争。当前，出版业产业升级、供给侧改革、融合发展、提质增效、知识付费等持续发力，发展如火如荼，而所有这一切都离不开高素质编辑人才的支撑。然而，曾经备受尊重，一岗难求的出版行业面临越来越严重的“人才荒”。目前出版行业人才问题突出表现在以下四个方面：一是随着20世纪八九十年代入职的出版中坚力量逐渐退出，人才断层的问题日渐突出；二是学术功底扎实、策划创意能力和项目执行能力较强的领军人才和业务骨干普遍缺乏；三是出版行业对优秀人才的吸引力持续下降，人才引进质量有逐年下滑的趋势；四是出版行业优秀人才有不断向高校及其他行业外流的趋势，“留不住”的情况时有发生。开发优秀的选题、发掘优秀的作者、推广优秀的产品，需要一支实力过硬的优秀人才队伍。一支优秀的编辑和营销人员队伍，是推动出版社持续发展、完成出版使命的重要力量。面对日益激烈的市场竞争环境和转型升级带来的巨大挑战，大学出版社要打破发展瓶颈，实现新的突破，必须要高度重视人才培养工作，要根据自身情况建立人才培养机制。从人才建设的角度来讲，大学出版社的社长都是由学校指定的，没有选择的余地。因此，在选题策划、市场营销、内部管理、数字出版一线的将才是大学出版社要重点开发和培养的人才。

第4章 我国大学出版社战略管理体系构建的原则、要求

4.1 大学出版社战略管理体系构建的基本原则

4.1.1 参与性原则

大学出版社发展战略的制定必须有最广泛的员工参与，特别是广大编辑、营销人员的参与。参与性原则是由大学出版社的性质决定的，因为发展战略的最终实现需要全体员工的共同努力，大学出版社员工作为战略实现的主要利益相关者，战略实施的成败与他们息息相关。因此，从战略开始制定到战略实施的全过程中，要始终保证让广大员工参与其中，要制定相应的制度保证员工参与的有效实现，保证参与渠道的畅通。战略制定不仅要在出版社领导和管理层讨论和决定，还要广泛动员基层员工参与其中，广泛征求其意见和建议，听取不同声音，充分调动广大员工参与出版社发展的积极性和主动性，促使他们可以为战略的制定提供多方参考信息，并在出版社总体发展目标下统一思想，达成共识。总之，战略制定只有让广大员工参与其中，战略的实施才会有坚实的群众基础，战略才不会落空。

4.1.2 科学性原则

大学出版社发展战略的产生一定要遵循科学性原则。战略制定的科学性原则就是要正确有效地运用现代战略管理理论中被证明是合理科学的战略分析工具和战略制定方法。大学出版社战略制定遵循科学性原则，这是因为大学出版社战略制定涉及的影响因素很多，没有科学合理的综合分析和筛选匹配等辅助性工具的帮助，单凭战略制定者的个人经验和直观判断是很难达成正确的战略目的的，遵循科学性原则可促进战略分析制定过程中感性经验与科学分析的有效结合，并使战略制定更具科学性。

4.1.3 系统性原则

系统性原则要求对社会现象进行系统、综合的分析和研究。首先，要把对象看成一个系统整体，把握其构成要素和要素之间的关系。其次，要了解要素和其他社会要素的关联性及相互之间的影响程度。最后还要考察不同层级子系统之间的关系。一方面，大学出版社是由编辑部、出版部、营销部等要素构成的系统；另一方面，大学出版社又是社会系统的一个子系统。因此，大学出版社差异化发展战略的制定必须依照系统性原则，全面分析出版社内部因素、分析出版社与社会发展之间的互动关系，只有这样，才能合理配置社内资源，统筹兼顾各利益群体，优化出版社的办社结构，才能在为社会服务的过程中与经济、社会发展形成良性的互动。

4.1.4 务实性原则

务实性原则强调实事求是、切实可行。社会经济发展是多层次的，对人才的要求是多层次的。因此大学出版社也一定是多层次的，务实可行是大学出版社差异化战略制定的关键。每一个大学出版社都一定要根据社会要求、自身发展状况，把自己放在更大的系统中理性地思考和比较，明确自身的优势和特色，同时还要看到不足和差距，坚持“有所为有所不为”，通过客观、系统、全面的内外比较，尤其是与同类大学出版社进行比较，明确不足和差距，找准自身的优势和特色。

4.1.5 发展性原则

大学出版社差异化发展战略的制定过程是一个动态发展的过程，一定要符合经济全球化、社会经济信息化的发展进程，符合出版国际化、多元化、个性化的发展态势。大学出版社要实现有效的差异化发展战略，就要回顾各自过去发展的历程，总结发展中的经验和教训。要展望未来，把握现在发展的机遇，从出版社的实际情况出发，扬长避短，制定可行的短期目标、中期目标和长期目标，并在实施过程中不断调整和完善。差异化发展的目的是促进大学出版社的发展别具一格。差异化发展战略的制定要体现一定的前瞻性、可持续性和发展性。大学出版社的继承性、创新性功能是保证合理有效地实现差异化战略并使其发展呈现活力的保证。有反思地继承和有批判的创新是制定差异化战略不可或缺的基本原则。

4.1.6 灵活性原则

大学出版社差异化发展战略规划一旦实施，就具有稳定性、严肃性、继承性和延续性。作为纲领性文件，它将规范和指导大学出版社一定时期的建设和发展。但是，在大学出版社战略规划实施的过程中，大学出版社发展的外部条件、情况千变万化，新的挑战、机遇层出不穷。因此，大学出版社战略发展规划不能过于教条，应该随着形势变化和出版社的发展不断调整认识、深化内涵、完善内容。同时，对差异化发展战略规划中很多明确而具体的指标，也要留有可延伸空间，以便随环境和条件的变化进行相应的修正。

4.2 基于核心竞争力的大学出版社战略管理体系构建的具体要求

企业战略管理有助于明确企业核心能力，制定企业有效的战略活动领域，使企业获得长久的竞争优势。企业成功经验的示范效应，使得大多数企业对整合抱以较高的期望值。但是，任何事物都具有两面性，企业战略管理大量的失败案例也引发了颇多争议。企业在实施战略管理的过程中必定会引起企业各个方面的变化，成为企业发展过程中的转折点。一般而言，成功的战略可以使企业焕发新生，成为其构建核心竞争力，实现跨越式发展的强大推动力，而一旦战略失败，不仅造成企业资源的大量浪费，还有可能使企业陷入管理混乱的境地，给企业带来灭顶之灾。然而，战略管理本身并没有对与错、成功与失败之分，战略管理结果的差异取决于企业在战略管理过程中所遵循的价值原则。这些原则是企业在长期的发展过程中归纳总结出的宝贵经验，同时也是企业战略成功的理论指导，保证企业发展战略的科学、合理且高效。鉴于此，本书在对核心竞争力理论与企业战略管理理论进行深入探讨和研究的基础上，试图从以下几个方面对我国大学出版社战略体系构建的具体要求进行探讨。

4.2.1 以大学出版社的使命和价值定位为制定发展战略的纲领

对任何企业而言，使命和价值都是至为根本的东西，对企业的生存与发展尤为重要。企业的使命是企业在参与社会经济活动过程中对自己应该扮演的角色、应该承担的责任和义务所做出的承诺。企业的价值是指企业通过一系列的生产经营活动为其利益相关者所带来的利润、效益、收入及其他一些具有价值性的东西。从根本上来说，企业价值就是企业对社会所做出的贡献。企业的使命和价值阐明了企业存在的理由和根本意义，是企业实现长远发展的灵魂所在。一个企业只有明确了自己的使命，进行正确的企业价值定位，才能根据环境的变化及时调整自己的经营目标和经营战略。发展战略作为一项企业能力更新与创优活动，它的实施必须以企业的使命与价值作为指南。因此，大学出版社在制定发展战略之前，应根据自己的使命与价值定位，更加清晰地明确发展战略的方向与具体业务活动，从而对出版社资源进行最优分配，避免向那些无法给出版社带来价值的活动领域进行投资，力争做到统筹整体，科学规划，确保通过有机整合使企业获得持久的竞争优势和竞争力量。

4.2.2 坚持战略管理与出版社发展战略相统一

战略是企业的行动纲领，是企业得以有效运行和发展的重要依据，它规定了企业未来的发展方向和努力方向。一个无法忽略的事实是，企业整合的根本动力源于企业实现可持续发展的战略需要，对企业进行整合，应该在企业战略规划的指导下，对各项运作活动及其细节进行重构、设定与阐述，实现整合与企业整体发展战略的高度一致。如果企业将其战略定位在价格优势，那整个企业就必须始终坚持低成本的竞争战略，资源的配置、利用、业务流程的调整和再设计等也都必须符合低成本的原则。基于企业的战略规划，对大学出版社来说，可以有两种整合方向：在原有战略下的整合及在新的战略下的整合。当前，出版业面临的是一个变幻莫测、充满不确定的竞争环境，新的环境需要新的战略思维、新的战略模式。大学出版社需要对以往的战略进行重新审视，判定其战略定位或战略目标是否以核心竞争力的培育和提升为基础。如果不是，就必须从传统的战略误区中走出来，以全新的思维建立适应未来的战略，保证出版社持续发展和壮大。相应地，企业战略管理也应该以变得更加不同和新的战略管理模式为主要思路，争取在战略上超越竞争对手，进而赢得企业的个性优势。

4.2.3 坚持战略管理与出版社文化、核心价值观相一致

根据艾德佳·沙因教授（Edgar. H. Schein）的观点，企业文化是指组织在长期的实践活动过程中所形成的并且为组织成员普遍接受和遵循的具有本组织特色的价值观念、团体意识、工作作风、行为规范和思维方式的总和。大学出版社企业文化是大学出版社在长期的学习、积累过程中逐渐形成的，具有大学出版社明显的个性特征。大学出版社的企业文化是大学出版社持续发展的精神支柱，能够影响和决定大学出版社及全体员工的行为取向和价值取向，并使之符合大学出版社的使命和目标。核心价值观作为大学出版社企业文化的核心，是大学出版社的精神和持久的原则，像基石一样稳固地埋在大学出版社肥沃的土地里，表明“这就是我们的真面貌，这就是我们的主张，这就是我们所追求的东西”。大学出版社的核心价值观是一种发自自身内在的信仰，并不是市场作用的结果。核心价值观不仅能够为大学出版社提供具有长远意义的、更大范围的正确方向，同时也为大学出版社在市场竞争中基本竞争战略和政策的制定提供了依据。而战略管理作为一项组织实践活动，不可避免地会受到企业文化与核心价值观的影响和制约。为了保障战略管理顺利进行并取得理想效果，大学出版社企业文化与核心价值观则是战略管理过程中必须要考虑的因素。如果一大学出版社战略管理的方向与其文化、核心价值观背道而驰，那这种战略管理注定要面临失败。

4.2.4 坚持“顾客导向”与“导向顾客”理念相结合

随着全球化的发展和社会生产效率的提高，出版市场结构发生了根本性的

变化。以往顾客作为图书产品的使用者，处于一种被动的位置，出版社生产什么，顾客就只能接受什么。但随着市场竞争的不断演变，卖方市场逐渐让位于买方市场，顾客在买卖关系中也开始起着主导作用。同时，消费者需求层次的不断上升也使得顾客对图书产品的追求呈现出多样化、个性化的特点。面对不同的需求偏好，以什么样的产品或服务能够获得个性化消费者的满意，将是出版企业面临的严峻挑战。“顾客导向”理念一时成为各家出版社追求高效益的指导原则和方针。就市场竞争的特性而言，“顾客导向”的理念是科学而合理的。但是，“顾客导向”理念在某种程度上还无法给出版企业带来较大的利润空间。“顾客导向”理念满足了顾客的现实需求，但对于那些潜在的人们尚不知道但也符合人类需求本性的需求却没有涉及。正如普拉哈拉德与哈默尔教授所说，顾客向来是缺乏先见的，他们并不知道未来有哪些可能性，未来自己会需求什么。但是，作为市场核心主体的出版企业应该知道，也必须知道未来人们需求的方向。出版企业应该从人的需求本性及欲望来分析、创造符合顾客价值的潜在需求，引导大众朝着他们愿意但尚不自知的方向前进，进而开辟新的市场领域，开创新的商机，这就是超越“顾客导向”的“导向顾客”理念。只有满足顾客的需求之后，出版企业才能实现自身的价值。同样，出版企业培育核心竞争力，其根本也是要顾客受益。出版企业发展核心竞争力的过程实质上就是为顾客创造价值的过程。

对于大学出版社来说，在战略管理的实践过程中，应该始终坚持“顾客导向”与“导向顾客”理念相结合，将满足顾客的需求、引领顾客需求、创造顾客需求作为战略管理的重要指导思想，从而建立并保持良好的客户关系，最大限度地为顾客创造价值，为企业赢得竞争优势。

4.2.5 坚持战略管理与出版社所处竞争产业的战略要素高度契合

战略管理必须是合理的、科学的，这是战略管理成功的前提和基础。因此，在战略管理之前，企业必须非常了解所处产业的战略要素。所谓竞争产业的战略要素，主要包括市场战略因素、产业供应特征和企业特性等。这些因素在一定的市场条件下由竞争者、外部冲击、顾客倾向、市场调控手段、技术革新等之间复杂的相互作用共同决定，而正是这些相互作用构成了影响该产业中参与竞争的企业获利水平的主要原因。因此，企业在进行战略管理规划之前，一定要从战略的高度出发，认真考察市场和竞争环境，分析企业的现状，明确企业所处的位置，以决定企业是否需要进行战略管理。在此过程中，重点应对企业所处产业的内在发展规律、企业所选择的竞争战略及企业自身的特征进行研究，这些对企业战略管理起着举足轻重的作用，决定着整合的方向。

对企业所处产业的内在发展规律进行分析，即从需求弹性、市场前景、增长率及长期赢利能力出发，确定产业吸引力的大小，明确该产业作为一个基本的竞争场所，能否支持企业的发展。在此基础上，进一步预测该产业的发展趋势，并以此作为战略管理的重点，实现战略管理与企业所处产业发展规律高度一致。对企业自身及其竞争战略进行审视也是战略管理需要考虑的因素。在整合开始之前，企业需要对自身的资源和能力及竞争战略有一个明确的认识和定位，如果一个企业的战略是要在产品服务上独具特色，客户服务则是其核心业务环节，需要引起高度重视。对企业进行科学定位既是战略管理的起点，又是衡量界定变化的标准。

第5章 基于核心竞争力的我国大学出版社发展战略构建

企业核心竞争力战略管理体系的搭建是一个系统而复杂的过程，它需要分析归纳企业所拥有的外部环境因素，内部企业文化，组织架构，人力资源状况，资源配置，技术设备，经营管理流程等各个方面的优劣势，进而将利于企业发展，取得市场更有利竞争优势的构成因素组成一个新的有机整体。以往，大学出版社，尤其是中小规模大学出版社的经营发展总是依靠某一项或某几项单一的营销战略，如品牌战略，促销战略，售后服务战略等。然而，在迈向知识经济的新时代，任何企业单是依靠某一项或某几项营销战略，只能获取暂时的市场销量与暂时的竞争优势。对于大学出版社来说，只有培养企业核心竞争力，构建基于核心竞争力的战略管理体系才能使大学出版社在竞争激烈的市场环境下取得优势地位。那么，如何提升大学出版社的核心竞争力呢？

5.1 大学出版社核心竞争力提升的途径

5.1.1 从企业内部构建核心竞争力

企业构建核心竞争力主要通过两种基本方式，从企业内部取得核心竞争力和从企业外部取得核心竞争力。一般来讲，在企业内部培养构建核心竞争力是最主要的方法途径。

5.1.1.1 制定企业核心竞争力的战略规划

企业战略目标的有效实现，也就是企业核心竞争力提升的集中表现。因此一个明确的战略目标对一个企业来说至关重要，它就代表着引领企业日常经营运作的导向盘，没有目标的发展相当于一个企业在蒙着眼睛过市场竞争的大河，最终结果可想而知。因此，企业必须将自己的任务和使命转化为企业为之奋斗的目标。

企业核心竞争力战略规划的制定则需要围绕企业的战略目标加以仔细分析、研究部署，并要对影响企业发展前进的动态变化因素进行深入的调查剖析。做到所制定的战略规划不但符合企业本身的实际情况，而且对于企业循序渐进的发展切实有利可行。

一般企业核心竞争力的战略规划要考虑如下因素：

（1）现有的市场空白。现有的市场空白主要是指针对企业当前的经营发展范畴和经营情况，在现有市场上存在的企业还没有认识到，有助于企业经营发展或扩展经营的市场机会或市场区域。可以分为有形的市场空白和无形的市场空白。前者即指市场分布上具体的市场区域，后者则是企业经营发展中的市场机遇、市场机会。

（2）填补市场空白。实现现有市场空白的填补要求企业一定要从实际情况出发，量力而行。一方面，从硬件上，对企业目前所拥有的人力、物力、财力资源及对空白市场的发展态势、市场竞争优势等做深入的分析研究。充分考虑企业目前所拥有的能力能否填补这块市场空白。另一方面，从软件上考虑，以企业的综合实力填补后的市场能为企业带来多大的市场竞争优势和为企业创造多大的收益。

（3）10年后或20年后企业要达到的目标。一般制定企业的核心竞争力战略规划，主要是对企业核心技术专长、企业的整体核心能力进行规划，一般来说，大概考虑的是10或20年企业要达到的目标，而对现有市场所拥有的资源、能力做和对应的规划。换句话说，现有市场和新的核心能力对应的就是企业10年或20年后要达到的目标。

（4）未来企业发展的商机。新的市场和新的核心能力对应的是未来的商机。这是对未来趋势的预测和分析，对企业赢得未来竞争优势一定是有益的。为了参与未来的市场竞争，企业需要发展哪些核心能力？发展这些能力的基础措施又是什么？而预测未来市场的发展趋势时，我们一定要审时度势，进行全面的分析研究，相应地做出多种备选方案，以便应对复杂多变的市场发展形势和竞争环境。

5.1.1.2　构建企业核心人才理念

由于竞争的日益激烈，优秀人才的供求矛盾也日益明显。企业如何为自己招募、选拔出优秀的人才，对一个企业来说非常重要。从小方面讲，人才对推动企业的可持续发展，长远发展起着不可磨灭的关键作用。从大方面说，中国的人才问题是关系到党和国家事业发展的关键问题。那么何为“核心人才”呢？王鹏在《用人之道》中说的好：“人才，有脑力劳动者，也有体力劳动者；在有学历、文凭的人员中有，在无学历、无文凭的人员中也有。只要知识丰富，本领高强，对社会进步有贡献者，皆可成为人才。”对人才的定义众说纷纭，无外乎包含两方面的理解。一方面是个人学历，另一方面是专业技能。各地政府及各个企业引进人才也主要是考虑这两方面因素。改革开放以来，随着我国各大院校的对外扩招政策，科学技术、信息技术及全球经济的迅速发展，满足这两个条件的人才数量越来越多，人才的全球化流动与散步也越来越广。就学历而言，可谓研究生，本科生遍地都是，而各种各样的技能证书也是漫天飞舞，数不胜数。而在这些数以亿计的人才中，企业如何选拔出属于自己的，适合自己的对口人才，可谓难上加难。换言之，一个优秀毕业生如何找到适合自己的发展领域也需“路漫漫其修远兮，吾将上下而求索。”基于此，西方学者引入了“稀缺人才”概念，他们认为，只有稀缺人才是竞争的资本，企业的核心资源。这种稀缺人才与职位高低无关，与背景身份无关，与学历高低无关。而是以品德、知识、经验、能力、业绩为主要衡量指标。

核心人才在企业所处的地位至关重要，他们能为公司的发展做出突出的贡献，是公司不可或缺的核心资源。他们一般具有以下特征：

（1）拥有创造、发展企业的核心技术；

（2）可以推动企业技术和管理升级；

（3）能够扩大企业市场占有和提高企业经济效益；

（4）务实、忠诚、积极和有奉献精神。

正如企业的“企”字上面是一个“人”“企”离开了“人”就会“止”，即企业离开了人才就会停滞不前，停止发展走向灭亡，可见人才对一个企业来所具有何其重要的作用。所以企业应当“以人为本”，使人才在企业中得到全面有效的发展，这样才能推进企业的不断前进和获得企业利益的最大化发展。

对于出版社而言，“人才强社”应该是第一战略。出版市场的竞争，归根到底是人才的竞争。因此，大学出版社核心竞争力的第一要素是人才，只有优秀的人才才能创造出一流的业绩。对大学出版社自身而言，要建设一支以品牌员工为核心的人力资源队伍，在管理观念上就要树立人力资本观念，使人才从人力资本向组织资本转化。尤其重要的是，要创建适合知识人才群体特征的人文环境。出版行业的发展所依赖的是人的智慧，要培养出独有的品牌人才，创造出具有巨大市场效益的品牌产品，必须要在人文环境的基础上，创建一个能使出版人才发挥创造力的环境。同时强化人力资源管理，建立科学合理的绩效考核和利益分配机制，实现对知识型人才的深刻理解和关怀。这不仅要关心他们的生活状况和条件，更要关心他们施展才华和获得事业成就感的程度。要进一步完善运行机制，就要在人员进出、劳动报酬激励机制、绩效考核、职务职称晋升机制等方面不断改革和完善，才能实现出版社的可持续发展。

5.1.1.3 基于核心竞争力准确定位的专业化

细数当今世界上成功的企业，它们的成功都离不开其核心竞争力在本企业中的极致发挥。基于核心竞争力的准确定位的专业化也加大了企业的成功砝码。我们来看一个例子，大家都知道，美国航空业的竞争异常激烈，新大陆的西联航空公司在资本实力上不及美国联合航空公司，但却连年赢利。原因何在？西联航空公司在“缩短顾客门到门的旅行时间”的战略定位指引下，提出了为顾客创造“快乐旅程”的目标口号。西南航空公司老板甚至公开向美联航这些大公司叫板：“大家最好不要抢我的短线航程，否则我就以目前的战略来抢你的长线生意”。

对于我国大学出版社来说，将出版物市场进行细分，然后根据市场细分的结果，根据自身的资源和能力及出版物市场的竞争状况，选择出对出版社最有吸引力、最具优势的细分市场作为目标市场，设计并生产出自己独特的产品，以争取消费者的认同和购买，这就是进行市场定位。我国大学出版社转制为企业，要想在激烈的市场竞争中站稳脚跟并谋求长足发展，必须认清市场形势，科学分析消费者的现实需求与潜在需求，进行准确的市场定位，而基于核心竞争力准确定位的专业化会极大地加大大学出版社成功的砝码。

5.1.1.4 以客户为导向的价值创新

此处的价值创新并非为企业创造价值，而是企业通过创新为客户所赢得的增加值。比如，企业通过吸纳行业高端人才，引进先进的信息技术，购买优质的管理设备，为客户提供了更加新鲜、高效、便捷、满意的服务，使顾客感到放心、舒心、安心。而这一创新过程极大地增加了企业的附加值，即企业服务在客户心目中的增加值。如此，企业管理者可以把握时机，顺应趋势，将客人的这种“增加值”，企业的“价值创新”转变为企业发展过程中长久的“商机”。

价值创新的基础在于对客户需求、客户心理有着充分的了解。商业界人士认为，如今的竞争已经不是单纯的商品与顾客之间的竞争，而是商品持有者的心理与顾客购买心理之间的心术之争。相信大家都去过超市，看到的商品五花八门，琳琅满目，同种商品有不同的品牌、包装、价格等，但其功能效用相差甚微，顾客选了其中一种，也就不会再选另外一种，并且顾客选中的这种很可能会成为其以后持久选定的商品。显然，顾客购买选择的过程在很大程度上是企业（卖方）心理与顾客（买方）之间的角逐。这就是为什么越来越多的企业愿意投入大量的人力、财力，聘请心理分析师、咨询师，并加大对顾客购买心理的调查与分析。

那么，大学出版社如何进行价值创新呢？首先，应当对其自身进行准确定位，进行唯物辩证分析。第一，大学出版社规模相对较小，这一点既是企业发展的优势，也是其发展的劣势。优势是规模小的企业可以更快洞悉市场热点，很快抓住机遇寻求发展，谋得利润。劣势是企业很容易受到大的竞争对手的攻击，受到相关部门的支持力度也很小，在市场上竞争力有限。第二，管理层架构相对比较简单，传递信息速度相对较快，第三，更容易贴近客户，了解客户。其次，针对企业所处的优劣势进行价值创新。创新在公司发展的历程中有很重要的作用，加大对创新的投资，回报将是巨大的。一旦养成习惯，创新就会变得容易。创新方面划分得也日益精细，公司可以从管理、技术、文化价值等方面加大投入，使公司全方面提升竞争力。

大学出版社如何找到切入点进行创新呢？应当从实际出发，分析自身的优势和劣势，对市场加以充分研究，找准市场的潜在需求。大学出版社经营规模一般较小，虽然有一些劣势，如：在市场中抗击经营风险的能力弱、在竞争中容易受到大出版社或出版集团的攻击等；但也有自身优于大出版社的特色。大学出版社的组织结构层次相对较少，做出决策的速度比大出版社要快，能够迅速对市场的需求做出反应。小规模经营，使企业能够更容易的发现需要精细化产品的客户，从而集中公司的资源，设计出更加符合客户需求的产品，进而融入当地的文化氛围，找到发展契机。大学出版社应该从创新的角度整合各方面的资源，多角度、多方位的综合发展企业优势。

今后的企业要在市场竞争中生存，只有两种选择：一种是人才的竞争，吸引高素质人才为企业服务；另一种则是在创新上下足功夫，在产品或服务上创造具有独特价值的吸引力，占领市场，开辟出一条新的通向市场的路径，达到不战而胜的出其效果。从价值策略上创新，可以使企业突破本产业的局限，寻求其他产业的替代，创造出更加具有优势的产品或服务，提高企业竞争力。同时还需要吸收那些补充产业的要素，全面满足顾客。

出版的商机无处不在，市场的潜力是巨大的，这里很重要的一点是大学出版社能不能发现机会，把握时机，从而创造出市场。创新是一个民族进步的灵魂，也是大学出版社发展的核心竞争力之一。

5.1.1.5 主动适应变化

商场如战场，面对日益加速变化的市场，企业的灵活性与快速反应尤为重要。企业在高速发展的经济轨道上运行，全球性竞争的趋势使得现代企业的外部环境错综复杂，企业犹如进入一个迷宫，企业管理者难以选择正确的策略，难以预测今后的发展趋势。这就要求企业能够敏感地捕捉到市场信息，制定出适应变化的战略指导，不断调整策略接近目标，为企业的未来赢得先机。

当一个企业深陷无目标状态时，往往会迷失方向，不知道自身将要如何发展，这时便会有很多路呈现在企业面前，企业一般会做出三种选择：一是停滞不前，故步自封，留在原来的水平上，不尝试，不发展；二是不加考虑盲目选择，走错路准备回头，无法回头就偃旗息鼓；三是采取保守措施随大流，永远只在模仿别人的道路上，跟随别人的脚步，从来不去赶超。这三种选择也有碰巧成功的，但绝不是企业的发展之道。

企业的发展之道应是制定战略管理，战略的核心任务在于做出抉择。任何一家企业都不能以一招应万变。因此，必须制定好战略规划。制定战略的过程中，需把握两个要点：敏感发现变化，积极准备适应变化。企业在市场竞争中的命运如何，取决于制定的战略规划，优秀的战略决策让企业主动适应变化，提高竞争力。变化的环境并不可怕，企业应该树立必胜的信心主动去适应，并做出改变去战胜变化，而不是消极地应对变化，走一步看一步，这样的战略是危险的，同时也是失败的。成功的战略管理应建立在主动适应变化的逻辑上，为企业的发展未雨绸缪，并不是说有了战略管理，企业的发展就一定会一帆风顺，但如果没有战略管理的指引，企业注定会迷失在茫茫无际的市场中，注定要失败。大学出版社应不断适应变化对战略进行修正，企业家应养成常常思考危机的习惯，建立一整套机制去捕捉外部变化，敏锐地发现问题。发现问题比解决问题更加重要，去发现更能引发企业家去思考，对公司的经营进行完善，在改变中寻求机遇，抓住成功的机会，开拓市场，强化自身的竞争优势。

当前，随着数字出版技术的发展，出版的形态和发行模式愈发多元化，传统出版受到的冲击很大，大学出版社在自身的发展中，必须时刻关注行业的发展动态及发展趋势，根据行业和市场的变化不断调整经营决策和发展方向。另外，对于立法上对大学出版社的支持要特别关注，要注意收集国家和地方对于大学出版社实行优惠的一些政策。

5.1.1.6　整合资源

整合资源对企业核心竞争力的塑造非常重要。这就要求企业充分考虑其内部资源、外部资源、有形资源、无形资源等。企业战略管理者必要时可以考虑聘用外界专业人士参与分析制定。制定时主要考虑企业文化、企业品牌、营销管理模式、人力资源管理、售后服务系统等核心层面。企业只有在这些方面建立差异化的经营理念，有效地将核心资源服务于战略目标，致力于创造更高的企业附加，才能使企业形成独特的核心竞争力，获得持久的市场竞争优势。而企业要想在上述核心层面发挥专长，做好做精，就需要做到对企业现有的资源进行有效的整合。最终将企业最核心的资源用于创造顾客价值的核心竞争力上。而这个过程的实现需要企业所拥有的核心人才不断地学习，累计知识并通过实践获得更多的经验，同时也需要企业不断地与外部企业进行战略性的互补，互相学习分享经验。最终学以致用到自己的企业核心竞争力建设上，形成企业独特的核心竞争力。

对于大学出版社来说，大学出版社应立足于自己的学术优势，对学术资源和出版资源进行重新整合，在学术性图书出版上加大力度，出版一批高层次、高质量、高品位的图书，特别是应大力开发原创图书，确立在学术界的影响和地位，以形成自己的品牌。综观中外著名出版社，无一不是靠品牌立社的。如牛津大学出版社的“词典类工具书”，剑桥大学出版社的“历史学丛书”，哈佛大学出版社的“哈佛校友丛书”，哈佛商学院出版公司的“哈佛案例”等经典品牌；如商务印书馆的词典及汉译世界名著，清华大学出版社的计算机图书，外语教学与研究出版社的外语教材，广西师范大学出版社的大众学术读物等这些出版社通过品牌提升了知名度，获得了大众认可，实现了可持续发展。对大多数中小型的大学出版社而言，整合资源、打造品牌、形成特色、引领市场需求、创造市场形象已成为当务之急。

5.1.1.7 优秀的企业文化

企业要想提高竞争力，就要塑造优秀的企业文化，努力提高企业文化与市场环境的适应程度。

出版企业文化就是在出版企业中成长发展起来的文化，是出版企业全体员工在创业和发展的过程中逐渐形成并共同遵守的，体现出版企业特点的最高目标、价值标准、基本信念及行为规范。它应该反映出版人的社会责任感和使命感，弘扬主旋律，传承民族文化，传播科学文化知识，介绍先进科技，服务人民大众，提升文化品位。这种企业文化一旦形成，便会产生持久的影响力。如北京大学出版社的“教材优先，学术为本，创建一流”的文化理念；清华大学出版社的“自强不息，厚德载物”的文化理念及外语教学与研究出版社“面向全民外语教育，提供全面解决方案”的信念，上海世纪出版集团提出“做中国的文化脊梁”，更是把自己的文化理念和责任结合起来，让企业员工都拥有社会责任感，把企业的文化理念和文化责任融入员工的血脉。这些文化理念都成为出版社发展壮大的强大动力。大学出版社应以此为榜样，打造一种有利于核心竞争力增长的企业文化，对内增强凝聚力，对外形成独特的社会形象，增强读者对出版社的信任度和满意度。

其次，企业文化又是和谐文化。和谐是中国特色社会主义的本质属性，也是企业的本质属性之一。企业既是社会经济活动的主体，也担负着内部员工利益分配公正与公平的重要责任，企业在构建和谐社会中发挥着基础性作用。和谐企业就是在处理内部关系、内外关系时要体现人与人的和谐，人与自然的和谐相处。构建和谐企业，就是要把企业建设成为“循环发展，遵章守法，诚信至上，团结协作，关爱员工”的企业。和谐企业的本质是管理规范，凡事有章可循，制度建设成为和谐企业的建设重点。企业不和谐，就根本谈不上发展或持续发展。出版企业的和谐，也有着自己的特点，一是出版企业内知识分子比较集中，更要提倡和谐文化，体现以人为本；二是员工最关心的最直接的问题是薪酬问题，应根据员工意愿制定合理的社会保险和医疗保险保障机制。

5.1.1.8 提供卓越服务

现代市场营销理论认为，企业要获得长久的生命力，在市场竞争中长盛不衰，必须培养自己的忠诚顾客。拥有越多的忠诚顾客，企业的市场地位越稳固，竞争者越难动摇其竞争地位。出版社最大的财富就是读者和作者。特别是专业出版社，图书出版领域比较狭窄，如果没有一大批忠诚的作者提供稿件、一大批忠诚的读者购买本社的图书，出版社将会陷入特别不利的境地。因此，出版社要想拥有越来越多的重视顾客，重要的保障就是提供卓越的服务，即超过顾客正常需求、能够使顾客更加满意的服务。那么，怎样才能做到卓越服务呢？

从出版社服务的客户链来看，出版服务的客户链主要为作者—出版单位—销售商—读者（包括网络传播媒介）。出版社要在为作者、销售商和读者（包括网络传播媒介）提供服务上下功夫。

第一，为作者提供卓越服务。作者是出版物的创造者，是出版的始动力。在出版社立项前，加强对作者的出版专业知识指导，主要包括同类书的出版情况、读者的需求、如何在出版社获得立项等。田间管理环节，做好作者的助手，具体工作包括：帮助作者组建编写团队，对编写计划提出合理化的建议；帮助作者解决编写过程中遇到的困难，组织并积极参加编写会和定稿会，支持制订合理的编写程序和进度表。在编辑出版阶段，出版物的质量、销售量和稿酬是作者最关心的三个要素。在保证编辑质量（差错率小于万分之一）的前提下，编辑要针对作者的要求对出版物的装帧设计方案提出合理化的建议，主动策划市场营销方案，在出版后的三个月内帮助作者申领稿酬。总之，如果每一个环节编辑都能在作者遇到困难前就主动联系作者，并给出善意的、合理的建议；在遇到困难后，积极、主动、高效、热情地帮助作者解决问题，这种服务一定是超过作者预期的。

第二，为销售商提供卓越服务。销售商最大的期望值就是利润最大化。怎样在保证出版社利益的前提下使销售商的利润最大化？一味地降低折扣，提高返点率已经不再符合当代销售的需求，实现指导性销售是未来发展的方向。现阶段大学出版社要实现对销售商的卓越服务，可以从以下几方面着手：一是加强对销售商的专业指导，包括不同出版物的特点、读者对象和潜在的销售市场；

二是全面了解销售商的经营情况，针对不同的管理模式，介绍成功的销售经验并进行个性化的指导；三是主动帮助销售商解决销售渠道中的障碍，如教材回款难的院校代理可借助编辑的力量做好院校工作等。在销售的过程中，销售商如果感觉到被尊重、被重视，能够从出版社的发展中获益，他们一定是非常高兴的。

第三，针对读者（包括网络传播媒介）的卓越服务。要认真地进行市场调研，明确目标读者的需求和购买能力，并将这些意见转达给作者，在出版物中充分考虑读者的要素；本着实事求是的原则，确定图书装帧方案、载体形式；热情、认真地处理读者的咨询、投诉。

5.1.2 从企业外部构建核心竞争力

由于大学出版社自身的资源和能力往往有限。因此外部交易也是获取核心竞争力的一个重要途径。从外部获取核心竞争力，主要有两个渠道。

5.1.2.1 引进专业型的优秀人才

人才的引进也就意味着知识的引进与积累。企业应当重视人才的发展战略，必要时不惜成本引进专业性的优秀人才，人才引进了，就意味着知识资产进来了，进而新的思想注入了。而思想有多远，就能走多远。因此，专业性优秀人才对企业核心竞争力的构建与企业的发展有着非常重大的意义。但高校出版社因长期实行“事业单位，企业化管理”的体制，没有独立的人事权，导致人员能上不能下、优秀的人才进不来，而在争夺优秀的人才方面显得“心有余而力不足”。更为严重的是，高校出版社常有人才流失现象。许多高校出版社因业务需要只有自行招聘员工，因人事权受高校限制，加上观念落后，招聘的人员大多是“临时工”待遇，其中不乏一些高学历者。在高校出版社，“同岗不同酬”的现象也很普遍。这种落后的人才管理理念导致的结果是：高校出版社成了培养人才的训练基地。相反，改革早、起步快的出版集团或出版社早就实行了员工身份相同、同工同酬等制度，它们凭借资金优势、灵活的机制和科学的管理等方式广泛求才。转制条件下，人才资源对高校出版社的发展显得尤为重要，目前高校出版社在人才资源储备和争夺人才资源方面都不太乐观，这对其发展是极为不利的。因此，建设高素质与专业性的出版人才队伍，加强人才储备，是推动高校出版社改革创新、增强高校出版社核心竞争力的重要前提。

5.1.2.2 建立拥有互补优势的企业战略联盟

这种联盟的建立旨在相互学习对方优秀的战略管理模式并结合自身企业的发展，扬长避短，取其精华去其糟粕。2007年，深圳发行集团整合海天出版社组建深圳出版发行集团，江西出版总社与中国和平出版社跨区域重组，成立中国和平出版有限责任公司。这给业界发出了重要信号，那就是，跨地区重组已成为现实，联合是出版业的必然，当然，也包括高校出版社在内。当前，高校出版社各自为独立的经济实体，导致图书同质化竞争严重、出版资源浪费严重、图书质量整体下滑等不合理现象。另外，大多数高校出版社资金少、规模小。针对这些现象，高校出版社应从对资源的“零合博弈”转变为共同开发市场的合作关系，做大做强高校出版业。随着高校出版社体制改革的全面普及，改革后的高校出版社产权清晰、经营自主，为了获得更大的经济效益、增强抗风险能力，以资金、契约等方式形成高校出版社战略联盟就将成为现实。

5.2 基于核心竞争力的大学出版社发展战略目标

教育部曾在《高等学校出版社“十五”发展规划要点》中指出：10%的高校出版社要建成国内一流、国际知名的高校出版社；40%左右的高校出版社要建成出版特色突出，具有较强经济实力和市场竞争力的中而特的出版社。绝大多数高校出版社要在学科特色上下功夫，努力建成专业特色强，学术水平高，在同类专业出版社中影响较大的小而专的出版社。也就是说，绝大多数大学出版社要立足于自身的优势，走一条有特色的专业出版发展之路。

本书认为，大学出版社战略目标应由使命、愿景和目标三个层次构成。使命是大学出版社最根本、最长远的战略目标；愿景是使命的形象化、具体化；而目标又是对愿景在不同维度上的分解，使之具体化、可操作。这三个层次由上到下逐级指导大学出版社发展，由下到上又是逐级相互支持的，共同构成了大学出版社发展战略目标体系。

5.2.1 制定大学出版社使命

大学出版社使命是其在社会经济生活中所担当的角色和责任，是区别于其他企业而存在的理由，是大学出版社开展活动的方向、原则。大学出版社的使命作为企业最高层次的战略目标和企业经营的根本原则，在经营活动中发挥着不可替代的作用。首先，可以为大学出版社员工提供思想指导和精神动力。出版企业使命的形成过程，是企业内部广大员工对企业根本目标、价值标准等形成共识的过程，为广大员工寻求工作意义和价值提供了基本方向，有助于员工精神需求的满足，为企业广大员工提供精神动力。其次，可以明确大学出版社的发展方向和业务主题。大学出版社的使命是关于企业经营范围及发展路线的陈述，明确企业长远发展和基本业务方向，为企业提供了实现目标的途径和手段。其次，还可以树立大学出版社形象。大学出版社通过对企业使命的宣传推广，不仅能使内部员工确立统一思想与行为准则，也为外部公众直接快捷地了解企业提供了有效途径。最后，协调大学出版社内外部矛盾和冲突。大学出版社使命的确立回答了企业利益相关者的关切和期望，为企业资源配置提供了根本性的原则指导，有助于企业在处理内部和外部利益相关者的各种利益需求和进行资源配置时做到有章可循、有法可依，也有助于大学出版社的利益相关者对企业的目的、目标和经营方式达成相近的理解和认知，进而在出现利益冲突时能够在共同的前提和方向下协调沟通，进而取得利益最大化，减少冲突和矛盾。

制定大学出版社清晰的企业使命要求。首先，明确企业的基本目的。满足社会对文化产品的需求是大学出版社生存的依据，也是开展经营活动最根本的目标导向。因此，大学出版社的使命首先要明确地揭示企业的基本社会责任或对社会的贡献。其次，要划定大学出版社自身的经营活动范围。大学出版社经营活动范围的界定需要根据自身出版社的性质，通过对产品和市场细分的界定来实现，自身出版物、市场定位及技术是构成经营活动的基本因素，也是帮助客户和市场识别企业、树立企业形象的基本依据。最后，制定大学出版社自身基本行为规则和原则。要保持企业集体行动的统一，不仅要做到行为目的的一致性，还必须确保思想认识的一致性。大学出版社在经营活动中积累起来的经营哲学、核心价值观等企业精神文化通过浓缩与概括，以企业使命的形式进行宣传普及，使其在企业内部得到普遍认可，成为企业全体的信仰和行为准则，才能从整体上整合、优化并控制企业各方面、各层次的经营活动。

5.2.2 制定大学出版社的愿景

大学出版社的愿景是企业管理层、员工和其他利益相关者的共同愿景，是建立在共同的价值和使命基础上的共同愿望、期待或理想，简单地说就是企业管理层、员工和其他利益相关者想使企业成为什么样的企业的共同愿望所形成的具体景象。企业愿景不是外在的、强加的，而是企业全体员工每个人真心向往的共同愿景时，才能激发员工的激情，感召员工为实现企业愿景而贡献自己的智慧和力量。美国心理学家马斯洛研究发现，出色的团体最显著的特征就是具有共同的愿景。大学出版社的共同愿景能够整合个人愿望，增强企业凝聚力，共同抗击改革浪潮，同时统一员工思想和行为，减少组织冲突，并且可以提高企业的应变能力和弹性，使得大学出版社在动态竞争环境下创造性地、柔性地应对环境变化，保证企业长远利益的实现和社会公众的认可，提升企业应变能力。

大学出版社愿景的形成一般可以通过两种途径：

第一，自上而下。即在大学出版社高层积极倡导下经过员工普遍认同之后形成。在确立企业使命并表述完成后，企业高层将企业使命用形象化的方式加以表现，可以将语言、文字、图片、模型、音像作品等技术手段作为愿景表达的载体，向广大员工宣传展示，如果获得了认同，那么企业愿景即告形成。

第二，自下而上。即通过大学出版社员工个人愿景的交流、汇集，经企业正式提炼和升华而形成。在确立企业使命并表述完成后，企业高层将企业使命广为宣传，使员工尽人皆知，鼓励员工就企业使命展开讨论，交流相互的理解和认识。同时，有意识地收集员工对企业使命不同角度的个人理解，记录广大员工的个人愿景与企业使命有哪些重叠，了解员工对企业、对个人未来发展的期望和预想，最后由企业高层在企业使命的原则指导下，将员工的个人愿景总结、提炼、升华，加以形象化的展示，经员工认可后，形成企业愿景。

相比较而言，第二种愿景的形成方式更具有群众基础和实际效力，但其操作需要更多的时间和成本，也更加困难。无论采用哪种途径，都必须注意：愿景的形成必须以企业使命为前提，正确把握和体现企业的基本内涵和理念，同时要以先进的技术手段尽可能地将人们脑海中的构想逼真地展示出来。

5.2.3 制定大学出版社的目标

大学出版社的使命指出了企业发展的总方向，企业愿景给出了大学出版社未来的理想图景，要使使命和愿景得以实现，还必须将其进一步具体化，根据自身内部等级体系、分工合作关系、企业特定的发展阶段等因素进行分解，转化为不同部门乃至不同岗位的具体目标，有效整合全体员工行为，最终通过集体努力实现企业使命和愿景。

大学出版社作为社会中的一个经济性组织，它通过为社会经济生活提供出版物或服务来获取财富，以满足企业利益相关者的经济利益。因此经济类目标应当是大学出版社的首要和主要目标。但是出版企业作为社会系统的一个子系统，它的发展与社会发展相互影响、相互制约。所以，大学出版社在追求经济目标的同时，也应确立社会目标。从一个企业的长期发展来看，企业的经济目标和社会目标相辅相成，相互促进。

大学出版社战略目标的制定要具有可接受性、可检验性、可分解性、可实现性，同时还要具有可挑战性。首先要对市场环境进行一定的调查研究。对企业外部环境、内部条件的现状、未来变化情况及其互动关系有一个比较系统的认识，同时大学出版社在调查研究的过程中要特别注意企业使命和愿景、企业文化，尤其是对企业经营哲学、价值观进行详细分析。其次，拟定目标。经过调查研究，基本确定了企业目标的选择空间之后，就可以根据企业目标的结构性要求着手拟定战略目标。拟定战略目标一般需要经历两个环节：拟定目标方向和拟定目标水平。外部环境会给企业带来各种机会与威胁，企业内部也存在着多种优势与劣势，大学出版社愿景与使命又为企业提供了一定的选择余地。因此，大学出版社在拟定目标的过程中，要对可供选择的目标进行归类，初步形成若干个选择方案。再次，对拟定的方案进行评价论证。每个大学出版社都有着自身不同的性质与特点。因此，在评价论证阶段需要对各个可行方案进行完善，比较各个目标方案的优劣，为目标决策提供依据。最后，选择战略目标。在按照上面的步骤对目标方案的优劣做出评价之后，企业决策者还不能直接决定选取哪一个方案。决策者要从备选目标方案中做出抉择，对各项评价指标的重要性做出评判，结合备选方案在各项评价指标方面的优劣，通过综合权衡，就可以做出战略目标的最终选择。

5.3 基于核心竞争力的大学出版社发展战略

大学出版社企业战略体系是企业各层级的战略措施，是实现企业使命、愿景与战略目标的途径和方式，主要包括大学出版社企业总体战略、业务战略和职能战略。

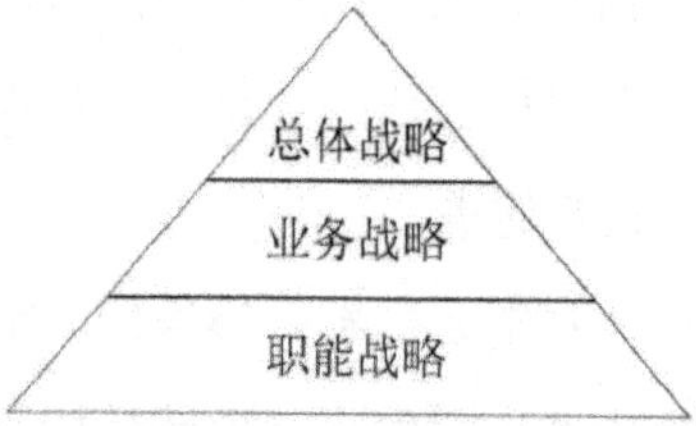

图 5.1 大学出版社企业战略体系

5.3.1 总体战略

大学出版社企业总体战略是企业最高层为实现企业使命、愿景和总体战略目标而制定的企业战略总纲，是企业最高层次的战略措施。总体战略决定着大学出版社企业发展态势，以实现企业使命和愿景为目标，较为准确具体地界定大学出版社自身经营范围，包括出版物所涉及的范围、市场范围及地域范围等。同时，大学出版社企业在不同的文化经营范围能够获得竞争优势的潜力是不同的，根据企业自身培育持续增长竞争优势，确定自身业务组合，建立战略业务单元，确定出版活动在整体经营格局中的地位与作用、相互关系和战略期内定的发展方向与目标。

大学出版社的总体战略从宏观上确定了企业总体发展的基本态势、方向和范围，按照企业战略理论体系来说，根据企业的发展态势，总体战略包括增长型战略、维持型战略和紧缩型战略。在当前出版全球化的背景下，出版行业竞争环境较为严峻，大学出版社自身规模小、资金不足、资源较为分散，采用维持型战略和紧缩型战略很容易会被其他大的出版企业所吞噬。因此，在改革浪潮的背景下，大学出版社还需首选增长型战略，确定核心竞争力，提高经营层次、增强自身实力，在维持生存的基础上，一步一步实现企业的扩张和发展。

集约型增长战略，又称密集型增长战略、加强型增长战略和集中型增长战略，比较适合处于成长期的企业。大学出版社根据自身特点，在原有出版经营范围内，充分利用在出版物和市场及地域方面的优势和潜力，可采用集约型增长战略。一方面可以通过更大的营销努力，增加销售人员，开辟新的销售渠道，增设销售网点，增加广告开支和广告宣传，提高现有出版物在现有市场上的占有率，增大市场份额，对现有市场进行渗透。另一方面，利用科技和创新型人才，改进现有出版物，开发新的出版产品，通过市场细分，进行准确的市场定位，发现和争取新的市场机会，将出版物投放到现有和新的市场，增加销售量，扩大生产规模，保持竞争优势，增强竞争实力。鉴于大学出版社相对规模较小、资源分散的特点，采用集约型增长战略的同时，还需要加强战略联盟，实现资源互补，降低运营风险和成本，提高大学出版社的总体竞争力。

5.3.2 业务战略

大学出版社的总体战略主要回答“干什么”的问题，那么业务战略主要回答“怎么干”的问题，总体战略限定了业务战略的选择空间，业务战略主要服从总体战略的要求，为实现总体战略服务。

大学出版社可以根据自身总体战略明确业务单元在整体经营格局中的地位和作用、业务领域的外部环境及所拥有的资源和能力，明确业务单元对实现总体战略应当做出的贡献和责任，以及业务活动的定位和发展方向，界定业务活动的范围，并确定业务单元的核心活动及获得并控制资源的方式，选择竞争方式和手段。同时，在业务单元中对资源的配置和投入进行综合协调和平衡，保证将优势资源充分投放到能够培育和发挥竞争优势的方向，进而明确业务单元内部各项职能活动所承担的责任，指导业务单元的职能战略。

业务战略中的集中化战略，又叫集中战略或重点集中战略，也称作目标狙击战略、转移经营战略。大学出版社一般经营范围相对较窄，而且具有一定的地域特征，集中化战略可以集中大学出版社现有资源和能力，将经营目标集中在特定的出版物、客户群体或区域市场，在有限的竞争范围内建立自身独特的竞争优势。选准目标市场和出版物是第一环节，也是至关重要的环节，将市场进行细分，再根据自身特点和资源优势做对比，找到能够发挥自身优势的细分市场和出版物种类，在自己服务的目标市场上不断开发新的出版物满足目标消费群体的需求，以便在目标市场上占据有利地位，同时还需要增加新的渠道、新的客户，并采用适当的价格策略，在深耕市场的基础上，不断扩大市场份额。大学出版社在选择集中化战略时，还需根据自身特点，在成本领先和销售量之间进行平衡和取舍，当然也应该在产品差异化和差异化成本之间进行权衡。

5.3.3 职能战略

企业的职能战略，又被称为职能支持战略，是企业按照总体战略或业务战略对企业内部各方面职能活动所进行的谋划。职能战略的主要任务就是根据总体战略确定职能活动的基本方向、原则和政策，制定该职能领域的重大活动方针，以支持总体战略和业务战略的实现，根据该职能在公司或战略业务单元中的地位与作用统筹配置资源，与相关职能活动建立跨职能协调机制等。

在大学出版社总体战略制定后，各职能部门就要以总体战略为指南，制定职能战略，用以指导各个职能部门的活动，是总体战略和业务战略的基础，也是培育大学出版社竞争优势的基础。职能战略一般分为三类。第一类是生产运营型职能战略，它是企业或业务单元的基础职能战略，从企业和业务运营的基本职能出发为总体战略和业务战略提供帮助和支持，包括研发战略、筹供战略、生产战略、质量战略、营销战略、物流战略等。第二类是资源保障型职能战略，它是为总体战略和业务战略提供资源保障和支持的职能战略，包括财务战略、人力资源战略、信息化战略、知识管理战略等。第三类是战略支持型职能战略，它是从企业战略全局上为总体战略和业务战略提供支持的战略，包括企业文化战略、组织结构战略、公共关系战略等。由于大学出版社规模小、资金不足、资源分散、灵活性较大，建议大学出版社可采用资源保障型职能战略。必须说明的是，对于不同出版类型的出版企业来说，每个出版企业都有自身的特点，职能战略必须根据自身实际情况来制定。总之，所有的职能活动都应以总体战略为导向和指南，都要有相应的职能战略来指导，这是设计和制定职能战略的基本原则。

5.4 基于核心竞争力的大学出版社发展战略的评估和控制

5.4.1 大学出版社发展战略的评估

大学出版社发展战略的评估是对战略实施全过程的评估，它既包括对战略方案的评估，也包括对战略执行过程及结果的评估。大学出版社发展战略的评估是为了检验一定阶段发展战略的实施是否有效地实现了出版社既定的差异化发展目标，或者检验战略执行的内外部环境是否已经发生了变化，以便为战略修订及以后新战略的制定提供必要的信息。对战略执行的评估是为了实现战略控制，而战略控制的目的是保证战略的有效执行，检查、修订和优化原订的战略方案。战略控制和战略评估既有联系又有区别，要实现战略控制就必须进行战略评估，只有通过战略评估才能实现战略控制，评估是手段，控制是目的，控制也是为了组织战略目标的实现。因此，从根本上讲，战略评估是为了有效地完成战略执行和战略优化。

5.4.1.1 大学出版社发展战略评估的主要作用

1. 战略导向作用

大学出版社的发展战略是一项未来导向的系统工程，其主要功能是具有战略导向的作用。这种导向作用就是将评估指标体系的设计、评估结果的分析和反馈及根据评估的绩效进行的资源配置这三个重要方面，有效地引导到出版社发展战略上来，确保大学出版社差异化发展目标的实现。

2. 合理配置资源

大学出版社发展战略要想获得成功，必须要与资源配置挂钩。在对其发展战略选项进行评价时，必须坚持“有所为，有所不为”的原则。一方面，通过大学出版社发展战略评估，将出版社人力、物力、财力集中到影响出版社战略发展全局的项目上，从而实现资源的合理配置；另一方面，在掌控资源配置权的前提下，引导各部门朝出版社战略目标的方向发展。

3. 优化战略决策

大学出版社发展战略必须与时俱进，实现认识和实践的统一。通过差异化战略评估，可以对已经实施的战略选项进行分析、调整、修正、完善，实现主观和客观的协调。此外，差异化战略评估还可以为新一轮的战略决策提供参考。

4. 沟通协调作用

在大学出版社发展战略评估的过程中，不仅要公开评估结果，听取各部门及广大员工的意见，还要在评估过程中使评估者和被评估者建立及时的沟通和协调，并就整个绩效评估活动达成共识。通过与相关人员的有效沟通和反馈，探究问题产生的原因并有针对性地进行改进，可以达到提升绩效水平的目标。

5. 激励鞭策作用

通过发展战略评估，可以激发被评估者的自我实现动机，起到激励、鞭策的作用。

5.4.1.2 大学出版社发展战略评估的基本程序

大学出版社发展战略评估的基本程序包括：检查战略基础、评估执行绩效。

1. 检查战略基础

检查战略基础包括检查大学出版社外部环境和内部条件是否发生了变化和发生了哪些变化。如果战略执行后发生了新变化、新情况，可以在战略分析的基础上通过建立修正的外部因素评价矩阵（EFE）和内部因素评价矩阵（IFE）检查出版社的战略基础。在对发展战略执行外部因素的检查时，一方面要检查已经列入 EFE 矩阵中的关键外部因素是否发生改变及发生了哪些改变，这种改变包括机遇和威胁的强化、转化或消失；另一方面要分析出现了哪些对战略执行具有重大影响的新的外部因素（机遇和威胁），在新的矩阵中列出并计算，考量其对出版社战略执行的影响程度。在对大学出版社差异化战略执行的内部条件进行检查时，其检查程序与检查外部因素一样，首先要分析检查已列入 IFE 矩阵中的关键内部因素的变化，然后进一步分析影响战略执行的新的内部因素。通过对原有战略已列举因素的检查及对在战略执行中新的影响因素的评估，可以全面地把握影响大学出版社发展战略执行的基础。

2. 评估执行绩效

评估大学出版社发展战略的执行绩效就是将大学出版社战略执行的预期结果与实际效果进行比较，研究实际进程与预定计划之间的偏差情况，并对大学出版社在实现既定目标过程中取得的成绩进行总体评估。大学出版社战略执行的绩效考核通常要遵循五个原则，即“定量与定性考核相结合”“长期与短期考核相结合”“主要与次要考核相结合”“整体与局部考核相结合”“静态与动态考核相结合”。有效的战略考核标准要具备以下特征：①标准的对象是战略活动而非战略管理者，绩效考核标准应该只有一套，而非针对每个工作的人各定一套；②标准是可以达到的，绩效考核内容应该是通过部门或个人的努力可以达到的；③标准是为人所知的，绩效考核标准对于该项战略的主要负责人和一般执行人员而言都应该清楚明白，否则就难以确定战略的努力方向和衡量执行情况的优劣；④标准要尽可能具体和量化，绩效考核的项目尽可能用数据表示；⑤考核标准要有时间的限制，绩效考核要定期且及时；⑥考核标准是可以改变的，绩效考核的标准可以因新方法的引进或其他工作因素的变化等情况而改变。

5.4.2 大学出版社发展战略的控制

采取控制措施的目的是对战略评估结果出现的偏差进行纠正，以保证大学出版社预期战略目标的实现，使大学出版社能够在新的条件下获得机遇，规避风险。在实践中，采取控制措施，首先要分析产生偏差的原因，通常来说有三个方面的因素：一是在大学出版社战略执行中的因素，主要涉及战略执行的资源配置不合理、出版社机构调整不合适、战略执行者的组织执行不力等方面。二是大学出版社战略制定过程中的因素，如大学出版社在战略分析中列举的关键因素发生了巨大变化，引起原有的战略方针严重脱离当前的实际或为应对多种情况发生的应变战略未能及时付诸实践。再如由于大学出版社战略制定者对战略执行的内外部环境的分析评估过于悲观或乐观而确定了过低或过高的战略目标，选择了不合适的发展战略方案。三是既有战略执行中的因素又有战略分析制定中的因素。

在分析找准产生偏差的原因后，采取的控制措施一般也有三种情形：

（1）如果只是战略执行中的问题，如仅仅是出版社在战略执行中的资源配置不合理，出版社可以针对具体问题采取措施，消除产生偏差的原因，保证战略目标的实现。

（2）如果是战略分析中的战略环境发生变化或没有预料到的新的外部战略环境出现而导致战略目标未能实现，则应根据新情况修订和调整原定战略目标及其执行方案。

（3）如果是上述两个方面均发生变化，则既要解决执行中的问题，又要根据新的环境和条件的变化适当调整战略。

第6章

基于核心竞争力的我国大学出版社战略保障措施

实现大学出版社发展战略目标需要有与之匹配的战略保障措施，大学出版社发展战略的实施必然会打破当前行政权力一体化、办社模式趋同化的格局，引发我国大学出版社治理结构的变革，而大学出版社治理结构的变革也必然会促进大学出版社发展战略的有效实施。顺应我国大学出版社转企改制的市场化改革的需要，构建并完善适应大学出版社发展的战略保障措施具有十分重要的政策意义和现实意义。

6.1　完善出版社治理结构，改善出版社发展环境

《教育部、新闻出版总署关于进一步推进高校出版社改革与发展的意见》（教社科〔2008〕6号）明确指出，高校出版社要“建设符合我国教育事业发展需要的学科门类齐全、地域布局合理、具备多种出版权、协调发展的具有中国特色的高校出版体系，逐步形成多层次的高校出版格局。努力创建国际知名、国内一流的高校出版社，这类出版社应具有一定数量的原创性、奠基性、前沿性、并在国内外有较大影响的一流出版物，拥有一流的作者和编辑队伍，具备一流的综合出版能力和雄厚的经济实力，具有一流的现代化出版手段和一流的

社会服务水平，建有科学高效的运行机制和管理体系。建设一批拥有自主知识产权的知名品牌、有一定市场竞争力和国际影响力、大而强的出版企业；建设一批专业特色强，学术水平高，在相关专业出版领域中有较大影响的小而精的专业出版企业。”这是我国大学出版社制定发展战略必须依循的总体原则，在这个原则下大学出版社外部治理结构变革必须要完善公司法人治理结构，要实现主管学校由管理型向服务型转变。为了更好地助力企业发展，本书认为，大学出版社外部治理变革主要应从两个方面进行：一是从国家层面，要进一步完善有关出版的法律法规，切实解决大学出版社在多元化治理结构方面面临的法律问题；二是从大学层面，为完善公司法人治理结构，当前大学出版社所属的大学必须要实现由“管理型”的角色向“服务型”的角色转变，从而为建立产权明晰、管理科学的现代企业制度奠定基础，具体来说就是在学校层面要建立和完善有利于大学出版社发展的制度环境、建立和维护有利于大学出版社差异化发展的办社环境、建立和营造有利于大学出版社参与公开、公平竞争的外部环境等间接服务形式及包括经费支持等各种直接形式。

6.1.1 完善出版社治理结构

6.1.1.1 进一步理顺出版社与主办单位（学校）关系

作为企业，必须有独立的人事权、财产权和经营权，否则，企业就无法按照现代企业管理制度运作和经营，企业也就没有活力。为此，主办单位应做好如下工作：清产核资，资产评估，明晰资产的占有量和归属。这样才能使出版社成为享受民事权利，承担民事责任，依法自主经营、独立核算、照章纳税、自负盈亏的独立法人实体，并对出资者承担保值和增值责任。资产界定之后，应该做如下考虑：虽然出版社是高校出资创办的，但由于出版社是经过全体员工的努力才有今天的成绩，为此全体员工应该享有一定的干股参与分配，这样才能充分调动大家的积极性，才能稳定和留住人才。进一步确立出版社与学校行政管理的关系，真正给予出版社独立的经营权，实现学校与出版社分开管理。学校创办的出版社，其最终的产权属于学校，学校享有资产收益、重大决策、资产转移与重组及任命法人代表等权力，但这一切都不能有悖于出版社的长远利益和长远发展，更不能有悖于学校的长远利益。

6.1.1.2 改革劳动人事制度

出版社间的竞争归根结底是人才的竞争，大学出版社一定要注重人才的培养和引进，要有人才发展的长远计划。具体的措施应该是根据出版社的状况及发展战略，像引进教学科研骨干一样给予优惠的政策，按政治强、业务精、作风正、纪律严、懂经营、善管理的要求，把一些高素质的出版人才吸纳到出版社；起用经过三五年锻炼的、愿意吃苦为大家服务的有德有才人，提供给他们一定的发展空间发挥他们的作用，从而造就出一支高素质的出版队伍。

对于劳动用工制度管理，一定要贯彻干部能上能下、竞争上岗的方式，以增强内部活力；工作业绩要采取考核的方式，对不适合人员采取换岗的方式，以提高人员的忧患意识；对年轻干部要采取轮岗的方式，以达到培训的目的。对分配制度的管理，决策者要根据出版社的具体情况和经济实力，进行定岗定编，确定每个岗位职责范围或工作量，采取竞争方式上岗，各个岗位有不同的规定和工资补贴。

对于激励制度和惩罚制度的管理，奖励应该分两方面，超额完成利润指标的奖励和帮助个别组稿策划困难的编辑的奖励。而对于惩罚的措施，完成利润少和编辑工作量少的编辑，其得到的利益少本身就是一种惩罚，可以用分配制度来进行规定。但是，如果没完成必要的文字工作量，就要根据具体情况分别给予处理。

从劳动关系看，企业员工实行“老人老办法，新人新办法”，即除事业编制的老员工保留退休后回归原身份的权利外，从正式转制之日起，和其他合同制员工一样成为“企业人”，并且逐步由“企业人”向“社会人”转变。

6.1.1.3 探索建立现代企业制度规范的大学社运行机制

大学社应以“精简机构、减少层次、重心下移、分类管理”为原则，重点实施“按需设岗、以岗定薪、岗变薪变”的分配政策，逐步完善内部机制，使机构和岗位聘任制改革深入人心。具体来说，在人事制度上，按需设岗，公开竞聘，择优录用，分级管理，责任到人；在劳动和分配制度上，淡化身份，强化岗位，突出业绩，超额超奖，不断完善年终考核制度。对于编辑、营销人员，将利润指标与岗位等级紧密挂钩，鼓励低职高聘、限制高职低聘，鼓励内部联合、强化团队意识；对于行政管理人员，压缩编制，按岗定级，加强考核力度。通过改革完善，全面体现多劳多得、优劳优酬，激励员工在岗位上尽职尽责、积极工作，使工作主动性得到最大限度的发挥。

6.1.2 改善出版社外部发展环境

6.1.2.1 完善出版法律法规，规范出版物市场

目前实施的《出版管理条例》（国务院令第 732 号）由国务院于 2001 年 3 月颁布，2002 年 2 月 1 日开始实施，并于 2011 年 3 月、2013 年 7 月、2014 年 7 月、2016 年 2 月和 2020 年 11 月修订，是我国境内从事出版物（报纸、期刊、图书、音像制品、电子出版物等）的出版、印刷或复制、进口、发行活动的基本规范和法律依据。在此基础上，国务院出台了《音像制品管理条例》（国务院令第 732 号）、《印刷业管理条例》（国务院令第 732 号）；新闻出版总署出台了《图

书出版管理规定》(新闻出版总署令第36号)、《报纸出版管理规定》(新闻出版总署令第32号)、《期刊出版管理规定》(新闻出版总署令第31号)、《复制管理办法》(新闻出版总署令第42号)、《电子出版物出版管理规定》(新闻出版总署令第34号),广电总局联合商务部出台了《出版物市场管理规定》(国家新闻出版广电总局、商务部令第10号),广电总局联合工信部出台了《网络出版服务管理规定》(国家新闻出版广电总局、工业和信息化部令第5号)等。这些制度与《出版管理条例》一起,共同构成了我国出版行业的基本监管体制。此外,在出版行业监管方面也出台了一些制度,如出版准入和许可制度、出版社分类管理制度、经营性出版社评估制度、选题管理制度、书号使用许可制度、质量管理规定等。

进入21世纪以来,我国出版产业一度出现竞争混乱、内容质量低下、把关不严的现象,为了规范企业的出版行为,2018年3月,中共中央印发《深化党和国家机构改革方案》。方案指出,中共中央宣传部统一管理新闻出版和电影工作,将国家新闻出版广电总局的新闻、出版和电影管理职责划入中宣部,这是首先从意识形态上对出版行业加强监管。紧接着,2018年7月国务院成立国家教材委员会,对教材的出版实施统一规范,加强管理。这些举措使得出版市场变得更加规范和有序。根据我国出版市场目前的发展情况,建议相关主管部门出台以下法律法规来进一步完善出版物市场。

(1)建议尽快出台《出版法》及其实施细则。目前,应由人大制定的我国《出版法》仍未出台。世界上很多国家都有独立的出版法,如新加坡的《不良出版物法》、瑞典的《出版自由法》、法国的《出版自由法》等都对出版活动做了详尽的规约。我国《出版法》的出台势必会对出版业在社会主义市场经济条件下的健康发展起到巨大的作用。尽快出台一部具有现代意义的出版法当是21世纪的中国出版迅猛发展的一个先决条件。可现实中及理论界仍存有对出版法的种种争议。如,对出版法与版权法、出版法与出版管理条例等的异同分辨不清，认为已有版权法，已有出版管理条例就不必再搞出版法等。出版基本法的缺乏使立法表现出失衡与零乱，并使分散的行政法规比重较大。建议根据国务院法制办的立法计划和我国知识产权保护工作的实际需要，认真做好《出版法》的立法调研和草案起草工作，并同时制定实施细则，指导出版基本法的执行。

（2）建议立法填补传播危害青少年的出版物的法律立法方面的空白。我国虽然有《未成年人保护法》，但对于传播危害青少年的出版物的行为并未做出明确的规定。

（3）建议在具体的法律法规中增加保障国家安全的出版法规。目前可采取的办法是，在现有的法律规范中增加有关出版方面的内容，如在《刑法》《国家安全法》中，增加对出版物中涉及政治问题和国家安全的限制性规定。

（4）建议制定有关出版业融资方面的法规，以法律形式确保融资渠道的安全有效，促进我国出版业的健康发展。

（5）建议加强出版对外贸易立法工作。进一步明确规定出版业进口与投资的限制性条件和鼓励出口的优惠政策，更好地保护我国出版企业的利益。

（6）加大对公民的出版法律法规的宣传教育，严格执法。出版行业监管部门还要加大对《中华人民共和国著作权法》《出版管理条例》《音像制品管理条例》《印刷业管理条例》《计算机软件保护条例》《互联网出版管理暂行规定》《外商投资图书、报纸、期刊分销企业管理办法》和WTO规则的宣传教育，全面提高出版从业人员和全社会对出版法律法规的学习和认识，提高遵守出版法律法规的自觉性、自律性。

市场经济是法治经济，一切经济活动必须按照法律办事。对检查中发现的不合格出版物和违规出版行为要严格执法，公开曝光，杜绝任何形式的地方保护主义和部门保护主义，确保各项工作取得实效。图书价格开放，并不意味着可以随心所欲地定价。我国《价格法》明确规定了公平、合法和诚实信用原则，价格制定的依据是生产经营成本和市场供求状况。“高定价、低折扣”行为带来的“一折书”现象，严重违背了《价格法》的原则，涉嫌价格欺诈，是不正当的经营行为，必须加以整顿。

6.1.2.2 规范企业产权制度

规范完善的企业产权制度能够将企业各种外部性有效地进行内部化。出版市场的种种混乱现象，都具有外部性，例如，内容的粗制滥造，造成图书质量下降，使得读者对图书敬而远之，严重地影响了出版业的长远发展；又如，“高定价、低折扣”现象使得广大读者对出版产业产生严重的不信任感，从而影响到整个产业的信誉。因此必须加快出版企业的制度建设，尽快向两权分离的现代企业制度转化，一时难以建立现代企业制度的民营出版企业也要强化内部约束监督机制，使经营外部性得到一定程度的控制。

6.1.2.3 发挥舆论监督作用

要推进舆论监督的制度化，把握舆论监督的尺度和角度，提高舆论监督的政治意识。批评与揭露社会活动中存在的不正之风、不良倾向是舆论监督的重要功能之一。新闻出版媒体的传播能力强大，报道揭露的问题能引起社会的广泛关注和管理部门的重视，对出版发行市场中的不正当竞争行为起到有力的威慑作用。

6.1.2.4 完善行业协会

行业协会是生产专业分工和市场竞争发展到一定阶段的产物。在市场经济条件下，行业协会扮演着重要的角色。它维护行业的整体利益，对内为协会成员服务，规范行业内部的竞争行为，制定行业的统一标准，提升行业的竞争力；对外作为本行业的代言人，同政府、立法机构及外部同业等进行合作、交流，以保护、谋和增进协会成员的合法合理的利益。行业协会是市场经济体系主体之一，在保证市场有序竞争、协调市场各主体之间的关系方面发挥着积极的作用。

但总体来看，我国的出版行业协会，目前除了一些奖项评选和对外联络的职能外，远没有真正发挥一个行业协会应有的作用。而且政府对出版行业协会的重视程度也还不够。我国的出版行业协会的功能尚在探索之中，出版行业协会对出版行业的管理和促进作用必须有一个较大的突破。应把出版行业协会工作纳入整个出版管理体系，使之成为一个重要环节，从而更好地发挥其作用。

6.1.2.5 推广行业标准

2005 年，《新闻出版信息化标准体系》《出版物发行标准化体系》《出版物物流标准化体系》及《新闻出版总署办公信息化及网站项目基础元数据等 11 项新闻出版行业指导性技术文件》等涉及行业标准制定的配套文件纷纷出台。《新闻出版信息化标准体系》确立了 6 大类，464 个行业标准，该标准体系的建立，对于促进和规范新闻出版信息化标准的修订工作，有计划、有步骤地研究一系列新闻出版管理工作信息化关键性标准，具有重要意义。

6.1.2.6 大学要积极建立、完善和创造有利于大学出版社发展的环境

《教育部、新闻出版总署关于进一步推进高校出版社改革与发展的意见》（教社科〔2008〕6 号）明确指出，“各高校要按照我国高校出版社的发展格局和本校的发展规划，对本校出版社进行准确、科学的定位，确定发展目标、发展思路和措施。各高校都要将出版社建设成与本校办学水平相匹配的高校出版社。”要“研究和解决影响高校出版社发展中出现的问题，会同有关部门制定符合高校出版社发展实际的经济政策，为高校出版社创造良好的经济发展环境。高校要建立有利于高校出版社发展的体制模式，为其创造宽松的发展环境，在

人力、物力和财力等方面给予必要的支持。各高校应将出版社的经济收益主要用于出版社的自身建设和再生产，以及教材、学术著作的出版补贴。进一步加强中国大学出版社协会的建设，充分发挥其桥梁与纽带的作用，提高其服务和协调的能力，促进高校出版社的整体发展。”此后，国家在推动文化体制改革时又配套了一系列优惠政策，如转企 5 年的优惠政策、金融支持，还有税收 5 年期内免收所得税等，之后又追加了 5 年的减免税政策。这些优惠政策直接为大学出版社加强探索新业务、尝试发展新模式提供了大量的资金。但是现实情况是，得到政策支持的大学出版社多数没有将这部分资金用于新一轮企业发展之中，只是将其当成收入，进而又被投资人，也就是学校或代表学校的某个部门以增加上交数额的形式收走。学校在出版社体制改革时，普遍没有配套的优惠政策，也没有追加投资或在校内出版资源上给予倾斜，支持相比转制之前没有明显变化，这就给大学出版社转企改制后的进一步发展带来了困难。当前大学出版社面临着外部的激烈竞争，亟须学校在各个方面给予扶持和“松绑”，针对出版社经营管理模式、用人制度、劳动分配、校内出版资源等方面在政策上给大学出版社创造一个良好的发展环境。

6.1.2.7 打造产学研一体化基地

主办单位可根据学校的专业设置情况、人才培养目标，结合大学出版社的条件，在大学出版社建立现代化的产业研发和创新基地，充分发挥大学出版社的资源优势。以苏州大学为例，依托传媒学院出版专业现有的教学条件，将学生及青年教师的培训学习内容部分设于出版社，建立出版专业培训基地，同时，人文学院也定期或不定期地请出版社的专业人员为学生开讲座。这种方式，既便利了学生，同时也赋予出版社除经营之外的教书育人的职能，扩大了专任教师队伍，增加了出版方面的科研水平。

6.2 强化内部宏微观建设，完善体制机制

6.2.1 强化内部宏微观建设

6.2.1.1 强化宏观作为

宏观，强调的是大学出版社企业层面的整体运作。一是跟上数字化阅读的发展趋势，把纸质阅读率走低导致的图书销售量锐减，通过数字阅读产品的增长来弥补。拓展图书的数字化表现形式，盘活大学出版社的出版资源，推动数字出版流程构建和数字资源库建设，创新和丰富产品表现形式，尤其是基于数字技术的多元化表现形式，全面提升大学出版社编辑出版的技术应用水平和融合发展进程。二是做好渠道扩展，应对教材销售零售化和储运精细化，弥补人口红利的降低。一方面要做好面向教材经销商、图书代办站和相关教师，甚至相当数量学生的营销工作，增加面对面沟通和推介工作量；另一方面要拓宽信息传播渠道并建立多元化的推广和销售渠道，如微信、微店、网上直营店、店中店等，让经销商和广大学生在需要时可以快速找到本社图书，并让学生容易订购。同时，还要以储运精细化的思路解决大量小订单、大量单书订单的备货、分拣、包装、物流等一系列问题，确保快速完好地把图书送到学生手中。三是强化成本的顶层控制，把成本降下来，把销售折扣降下来，提升政策条件、服务水平和服务质量。四是提高对作者资源、经销商资源的组织和维护能力。

6.2.1.2 强化微观谋划

微观，强调的是编辑个体和编辑团队，以及选题个体或产品线。一是建设产品线和产品板块，编辑人员要有这个思路，选题开发时就要动这个脑筋，善

于把点做成线，把线做成面。把一个单独的选题拓展成一个系列、一个产品线，再把一个产品线形成一个板块。二是完善产品配套，从选题策划之初就要谋划。不仅要有多媒体、课件，还要有 MOOC、网络资源、教学服务系统等。三是重视原创开发，强化精品战略和结构优化。加强原创作品的选题开发，适度控制补贴、资助和包销等形式的学术出版、个人荣誉出版类选题数量，推进实施精品战略。尤其要重视多开发顺应国家、行业的意志和高等教育事业改革发展的要求，同时体现大学出版社定位和追求，指挥棒牢牢掌握在自己手中的原创作品选题，减少对低水平选题的过分依赖，以原创选题开发带动出版质量全面提升。四是在选题开发中要重视以选题开发带动潜在市场，以选题拉动市场，并为此提供必要的推广和维护的支持条件。

6.2.2 完善体制机制

一是优化出版结构，教材选题开发要跟上专业学术类选题增长的速度。同时建设相应的促进和支持机制。二是解决出版的生产组织问题，简政放权，建立高效、快速反应、审批不拖延、执行力强的生产组织体，加快图书出版，保证图书供应。三是提高产品适应，对适销对路的图书品种努力提高供应量。同时，保证系列图书的持续和产品线的规模。四是加强教学资源配套，提供相应的知识服务。

6.3 加强人才管理，建立出版品牌

6.3.1 加强人才管理

人才队伍是出版社的核心竞争力，大学出版社既要确保正确的出版导向，

牢牢把好意识形态关，突出社会效益，又要加快传统产业的转型升级，加强经营管理的改革创新，抓好经济效益，要想在日益激烈的市场竞争中占有一席之地，必须有一支高素质的人才队伍来保障。当前，要推进传统出版企业转型升级，大学出版社必须要转变队伍建设理念，推进体制机制创新，优化人力资源配置，释放队伍活力，真正构建符合企业实情、适应行业发展的人才队伍。

6.3.1.1　加强顶层设计，做好队伍建设规划

新时期，大学出版社在管控好出版物质量和政治导向的前提下，必须积极主动适应市场竞争的需要，根据自身定位和事业发展战略目标，研究制定科学合理的人才队伍规划，明确一段时期内人才工作的科学路径。加强组织统揽，成立人才工作委员会，把队伍建设纳入班子重要议事日程，研究建设形势，解决难点问题，形成集体决策、一把手主抓，强力推进的浓厚氛围。加强科学统筹，抓好编校队伍、发行营销队伍、管理队伍的建设，建立岗位清晰、相互衔接、有序流动的管理调控机制，形成定位明确、层次清晰的人才队伍建设体系，营建好规模适当、结构合理、优胜劣汰、充满活力的队伍生态。

6.3.1.2　改革人事制度，释放人才活力

改制后的大学出版社虽然按照企业化运作，但是大部分职工是原来的学校职工，还不完全是社聘职工，目前出版社是“一社四制”（事业编、社编、劳务派遣、临时工），人事制度复杂，同时体制内职工行政级别取消，体制外职工校内职称晋升受限，事业编制职工只退不进，要破解这些因改制带来的人事难题，必须要改革，建立职工职业发展通道，释放人才活力。一方面，要通过“三定一聘”梳理好内部编制、岗位和职责，争取政策，加大绩效考核管理，在打通优秀体制外职工转学校事业编 A 岗通道的同时，建立考核淘汰人员退出

机制，畅通岗位流动，稳定队伍激发活力。另一方面，完善出版社专业技术职务晋升体系，既鼓励体制内职工按照学校要求积极争取晋升高一级专业技术职务，同时，积极和地方主管部门协调，创造条件，推荐体制外职工积极参加国家出版系列各层次的技术职务考评，建立“省评社聘”制度，开辟畅通渠道，从制度上营造一个安心工作的环境。

6.3.1.3 内培外引，以培为主，构建骨干人才梯队

人才是企业的核心竞争力，是企业的核心生产力，一个好的骨干人才可以凝聚一个团队，带动一个企业。然而，人才梯队的培育并不是一蹴而就的，需要企业久久为功，持之以恒地去抓，去坚持。作为一个中小社，通过转企改制，很多人才管理理念跟不上发展。由于原来事业单位的惯性思维，导致了外部人才引不进来、留不住。企业不注重内部人才的培养，没有培养规划，任其发展，造成了人才特别是骨干后备人才短缺。因此，出版社必须要高度重视人才队伍建设，全力推行“人才强社”。一方面，要加大对出版社现有人才的培养力度，加强对新进人才的职业生涯规划和指导，促使他们快速成才，培养人才的忠诚度；另一方面，要建立多渠道、多维度的人才招聘体系，对有行业工作经验的优秀特殊人才探索协议薪酬制，建立高端人才特区，加大骨干后备人才的引进力度，打造梯次合理的人才队伍梯队。

6.3.1.4 创新内部治理模式，完善人才队伍激励机制

转企改制的出版企业，完全成为市场化主体，队伍人事关系复杂，原有事业单位的管理模式和激励办法已不能适应企业的发展，必须创新内部治理，完善激励机制，建立符合出版行业发展的人才管理制度和人才激励制度。一是要摒弃原有事业单位“官本位”的管理弊病，高度重视人才队伍的激励，要通过完善人才管理和激励政策，用制度和流程去约束人、管理人和激励人。二是要

按照上级要求，坚持将社会效益放在首位，兼顾经济效益的原则，创新人才管理改革，完善好薪酬分配制度、“三定一聘”制度、绩效考核方案等，真正建立一套适应发展的、科学的分配体系，吸引、留住并用好人才，不断积累发展的竞争优势，促进可持续发展。三是要认真研究，改革以前只看经济指标的单一激励模式，以人为本，加强企业文化的建设，营造积极健康的发展氛围，把物质激励和精神激励有机结合起来，打破身份隔阂，调动员工的工作热情和积极性，增强员工对企业的凝聚力和认同感。

6.3.1.5 以绩效管理为导向，建立合理的任期考核评价体系

市场化的出版企业，必须要按市场规律办事，人才队伍建设的优劣，最后都体现在队伍给企业带来的效益上。因此必须要重视绩效管理，建立人才队伍科学的考核评价体系。一是要结合企业的年度发展目标，充分调研，和员工进行充分有效的沟通，构建管理、营销发行和编辑三支队伍的绩效考核指标体系，并根据实际考评情况进行必要的调整。二是要完善相关的内部管理制度，奖优罚劣，促使员工从“要我干”向“我要干”进行转变，进一步发挥员工主人翁意识。三是不能只看绩效考核，而要综合考评，如果员工的职务晋升和收入分配仅以绩效考核结果为标准，必然会有失偏颇。只有严格坚持科学、合理、公平的绩效管理，综合考量，分类考评，奖优罚劣，形成公开、公平、公正的绩效考评标准，才能真正提高人才队伍的向心力。

人才队伍始终是出版社发展的决定性、制约性因素。高校出版社要明确自身定位，紧紧依托大学的优势学科资源，凝练好优势发展方向，抓好引领发展的人才队伍，坚持选题策划和营销发行并驾齐驱，做好“专、精、特”内涵式发展文章。唯有如此，高校出版社才能在竞争日益激烈的市场环境中，另辟蹊径，谋求自身的稳步发展。

6.3.2 建立出版品牌

大学出版社面对激烈的市场竞争，要想找到一条真正适合自己发展的道路，特色化的精品路线成为其必然的选择。特色化的道路意味大学出版社要建立起自己的品牌，通过品牌效应来带动学术出版，从容面对商业出版社的竞争，可以说，大学出版社转制改革后的发展必须走品牌化的路线。大学出版社的品牌建设是一个系统的工程，既包括前期的选题策划，也包括后期的营销发行，这些环节都对大学出版社的品牌建设起着至关重要的作用，而具体的品牌建设环节则包括图书品牌、作者品牌、编辑品牌及出版社自身品牌的建设。下面具体介绍一下大学出版社如何加强自身的品牌建设。

6.3.2.1 图书品牌建设

当前，我国的图书市场已由卖方市场转变为了买方市场，图书市场竞争更加激烈。因此图书品牌的建设就显得尤为重要，特别是对大学出版社来说，面对转制改革后的竞争压力，迅速建立起自己的强势图书品牌就成了谋求未来发展的首要措施。图书品牌的塑造是一个系统复杂的工程，它贯穿于图书选题策划、编辑及发行营销等出版的全过程，需要出版社每个部门的通力配合。准确的选题策划、名牌编辑及有效的营销策略都对图书品牌的形成起着非常重要的作用。开发整合作者资源和培养名牌编辑是塑造图书品牌的根本保障。

关于图书品牌，建议从以下几个方面塑造大学出版社自己的图书品牌。

首先，保证图书质量，走精品路线。要塑造出图书的品牌，必须要保证图书的质量，出版高质量的图书。图书质量是出版社生存发展的根本所在，对大学出版社来说，更应该注重图书质量。以美国大学出版社为例，由于他们致力于学术出版，所以非常重视图书的质量，更是通过出版精品图书来进行“以书养书”战略，美国每年的著作奖 20% 来自大学出版社，同时非常重视专业领域图书品牌的建设，例如哈佛大学出版社的社会科学、行为科学、自然科学和医学，纽约大学出版社的政治、法律、历史等已形成国际品牌。品牌竞争最根本的就是以质取胜。保证图书质量，走精品路线是大学出版社图书品牌建设的基础，只有高质量的精品图书才能获得市场的认可和读者的满意，逐步建立起品牌的影响力。

其次，明确专业定位，彰显出自己的特色。大学出版社姓“大学”，这就决定了其出版的图书带有“大学”的特色，也决定了其专业化的道路。“大学出版历史和现实都使他们知道，在激烈的市场竞争中，奉行‘学术为本、专业立社’的秘籍，才能形成自己的专业化发展优势”。剑桥和牛津大学出版社之所以在世界上具有如此的影响力，就是因为他们拥有一流的特色学术著作，其字典、英语工具书与百科全书的编纂已成为全世界的出版典范，建立起了无与伦比的品牌优势和知名度。

再次，注重对图书的外在包装。对读者来说，对图书最直观的印象来自包装。尽管内容是图书的基础与根本，质量是图书品牌形成的基础，但外在的包装对图书品牌的形成也有非常重要的作用。一套优秀的图书除了它的选题及自身的质量取胜之外，它的版式编排、印刷纸张、开本、封面设计等也是吸引读者目光的重要因素，同时也反映出出版社与编辑高品位、高素质的敬业精神。与其他商业出版社相比，大学出版社在应用高科技图书装帧技术方面相对落后，大学出版社一定要主动转变观念，注重对图书的外在包装，实现图书内容与形式的完美统一，打造出精品图书，实现图书的品牌建设。精美的图书能激发读者的阅读欲和购买欲，在获得经济收益的同时也扩大了图书的影响力。但需要注意的是，注重图书的外在包装不能“金玉其外，败絮其中”。注重图书的外在包装必须以保证图书的高质量为前提和基础，高质量的内容及精美的外在包装必然会受到读者的欢迎，进而营造出图书的品牌效应。

最后，图书品牌的形成还需要大学出版社采取多种宣传手段和营销策略，扩大图书的知名度和影响力。

6.3.2.2 作者品牌建设

大学出版社品牌建设需要达到的效果就是当读者需要某类图书的时候，很自然会想到该出版社。大学出版社图书品牌的建设可以起到这样的效果，同样作者品牌的建设也可以起到这种作用。读者需要的某类图书代表着一个专业领域，而这个专业领域总会有著名的学者教授，读者可以通过精品图书对一个出版社留下印象，也可以通过著名的学者作家对一个出版社留下印象。作者是出版社最重要的资源，出版社的品牌建设首先是作者品牌的建设，要有意识地把作者建设成一个品牌。因此，大学出版社必须重视对作者资源的开发，同时注重对作者品牌的建设。作者品牌的建设实际上和作者资源的开发是一体的，开发出优秀的作者资源，也就树立起了出版社的作者品牌。

大学出版社转制成为企业后，对作者资源的争夺会更加激烈，但这对大学出版社开发作者资源来说，也是一次机遇。大学出版社转制成为企业后，会改变以往“守株待兔”坐等作者来稿的被动方式，而是在市场利益的驱动下，主动去寻找名家约稿，开发作者资源，建立起作者品牌，进而提升大学出版社的社会影响，促进大学出版社的品牌建设。但大学出版社开发作者资源、建立作者品牌并不是盲目的，而是需要有步骤、有意识地来实施，集思广益，采取多种方式开发作者资源，建立起正规的作者资源开发战略。

首先，立足于母体大学，充分开发其作者资源。大学出版社每一步的发展必须牢牢抓住其依托母体大学的先天优势，充分利用母体大学提供的人才和资源优势。这里需要强调一下，大学出版社改制后，不能弱化与原母体大学的关系，无论大学出版社转制后是独立的企业法人性质，还是像东北林业大学出版社一样转制成事业单位性质，都不能改变大学出版社的“姓氏”。大学出版社姓“大学”，这是其与生俱来的，也是大学出版社与其他商业出版社的区别所在，更是大学出版社参与市场竞争的先天优势。大学出版社转制成为独立企业法人后，虽然不再是学校的下属部门，但依然可以通过学校控股或与其合作的方式，来继续享有这种优势。大学出版社开发作者资源，寻找品牌作者，必须立足于母体大学，充分利用其与生俱来的这种优势。大学著名学者和教授众多，这些都可以成为大学出版社的作者资源，形成该出版社的品牌作者。大学出版社的编辑部应该积极主动和这些著名的学者教授沟通联系及时向他们约稿，使他们成为大学出版社的品牌作者。有些学者教授喜欢让母校大学出版社来出版自己的著作，他们认为这是一种荣誉，出版社的编辑应该把握住学者教授的这种心理，开发母体大学的作者资源。

其次，开发重点在服务，强化服务意识，满足作者的需要。由于作者资源具有独立性和自主性，作者可以任意选择一家出版社来出版其著作。尽管大学作者倾向于母校大学出版社出版他们的著作，但如果大学出版社的服务不完善的话，他们同样会选择其他的大学出版社甚至是其他商业出版社。

再次，提高出版社的影响力，加强出版社的品牌建设，以此来吸引优秀的作者，培育出版社的品牌作者。大学出版社开发作者资源，不仅需要从作者身上着手，开发本校作者资源，完善服务意识，同时还要从自身出发，提高出版社的社会影响力和知名度，打造出版社的专业品牌，从而吸引优秀的作者通过该出版社来出版其著作。知名的大学出版社不仅对读者有吸引力，同时对作者也有吸引力，例如学者如果想出版传媒类著作就会找中国传媒大学出版社，而想出版人文类著作则首先想到的是北京大学出版社。这种出版什么专业的图书找什么专业的大学出版社的现象是由两个“专业性”引起的，一是大学出版社的专业性，二是作者资源的专业性。这两个方面的“专业性”前文都已经提到过，大学出版社转制后，面对激烈的市场竞争，出版特色和品牌图书是其唯一的出路，同时由于专业分工和研究领域的不同，作者资源也具有专业性的特征。相同的“专业性”特征导致两者之间相互吸引，大学出版社需要与出版社专业性相一致的作者来提供书稿，作者通过与其专业一致的大学出版社出版著作有利于图书的顺利出版，而且双方的合作有利于利用对方的知名度来提高自身的影响力，有利于出版社和作者双方的品牌建设。

最后，作者品牌的形成除了依靠作者自身的知名度和影响外，还需要大学出版社通过各种途径来扩大作者的影响力，提高作者的知名度，通俗一点来说，就是作者品牌的形成还需要大学出版社的包装。这些包装手段包括演讲宣传、签名售书，甚至可以通过网络宣传和电视采访等现代传播方式来实现作者的品牌效应。这些包装方式，其他社会商业出版社早已熟练运用了。例如中华书局通过“百家讲坛”聚集了于丹、阎崇年等一批品牌作者，长江文艺出版社则通过明星效应聚集了曾子墨、陈鲁豫、宋丹丹等一批文艺明星作者。大学出版社转制后，也可以向这些社会商业出版社学习，通过各种包装手段培育出自己的品牌作者。

6.3.2.3 编辑品牌建设

编辑品牌的建立无论对编辑自身还是整个出版社来说都具有非常重要的意义。对编辑自身来说，编辑建立起个人品牌是扩大自身影响力的需要。一个编辑建立起个人品牌，也就建立起了自己的作者群和读者群，一方面会有源源不断的优秀书稿，另一方面也有利于图书的出版和发行。编辑建立个人品牌的过程也是编辑不断成长，提高自己业务水平和能力的过程。编辑建立起个人品牌促进了编辑自身整体素质的提高，从而可以从容面对编辑市场的竞争。

对出版社特别是大学出版社而言，编辑品牌建立的意义则是多方面的，首先，编辑品牌的建立有利于提高大学出版社的市场竞争力。当前，大学出版社面临来自国内外出版社及各大民营书商的激烈竞争，对大学出版社来说，对作者资源和读者的竞争更加激烈。编辑品牌的建立则是大学出版社应对这场激烈竞争的又一种手段，是否拥有优秀的编辑是出版社竞争力强弱的重要标志，而是否拥有名牌编辑则是出版社是否真正拥有核心竞争力的重要标志。编辑的强弱也在很大程度上决定着一个出版社的强弱。编辑品牌的建立会影响作者和读者对编辑的选择和印象，从而影响他们对出版社的选择和印象。编辑品牌化的实现，会在很大程度上促进出版社品牌建设的进行。大学出版社品牌建设一定不能忽视编辑品牌的建设，这是其品牌建设不可缺少的一个环节，要努力打造大学出版社自己的编辑品牌，具体可以从以下几方面进行。

首先，编辑品牌的建设需要编辑个人付出艰辛的劳动和汗水。编辑是编辑品牌的主体，编辑品牌的建设需要其主体积极发挥主观能动性，促进自身品牌化的实现。编辑品牌的建设过程中编辑个人的努力包括以下几个方面：第一，要建设编辑品牌，编辑必须要具有自身品牌建设的意识，积极转变旧观念，树立新的编辑观。编辑不能仅仅只为别人做嫁衣，也要为自己做一身“品牌”的外衣。第二，要打造编辑自身的品牌，编辑必须对自己有一个准确的分析，对自身的品牌有一个明确的定位。编辑要对自己有一个清醒的认识：我有哪些特长，我要成为哪一种类型的编辑，在同行中我要打造出自己什么样的特色等。与编辑品牌建设相关的编辑个人特点包括编辑的学术水平、业务能力、性格特点、敬业精神和服务态度等。编辑只有对自身以上的特点有了清楚的认识，才能据此打造自身的个性品牌。第三，编辑具有了品牌意识，对自身的品牌有了明确的定位后，就需要努力提高自身的素质，提高自己的综合能力。编辑品牌建立后，编辑还要注意对自身品牌的巩固和维护。品牌的建设是一个发展的过程，编辑要坚持自己的品牌特色，履行自己品牌的承诺，同时要及时发现自身的不足并加以提高，只有这样才能保证自身品牌“永不褪色”，不会被市场所淘汰。

其次，大学出版社本身也要重视编辑品牌的建设，为品牌编辑的培育提供良好的环境。现代社会品牌编辑的缺乏与出版社自身不重视编辑品牌的建设是分不开的。除了从事与出版相关的人以外，很少有人能说出名牌编辑的名字。这种现象的出现除了编辑自身的原因外，更多的是出版社也没有意识到这个问题的存在。出版社的品牌建设只把眼光放在了图书品牌和作者品牌的开发与建设上，图书是出版社运营的最终产品，作者是出版社产品的创造者，而作为两者之间联系桥梁的编辑却被出版社忽略了。编辑幕后策划者的身份很容易导致出版社忽略其重要作用和影响，也就谈不上对其品牌的开发了。大学出版社面对越来越激烈的市场竞争，要充分认识到编辑品牌的重要性，积极转变以往落后的观念，重视编辑品牌的建设，并为其提供良好的发展空间。一方面，大学出版社要建立起严格的人事管理制度，建立一套行之有效的业绩评价体系和奖励激励制度，只有在这样的环境中，编辑才能充分发挥自己的主观能动性，努力工作，发挥自己的聪明才智，促进编辑品牌的建设。另一方面，大学出版社要重视编辑的培训与开发，为编辑开展专门的培训课程，同时组织他们到外地和国外参观学习，提高编辑们的视野和能力。大学出版社要改变在旧体制下一般由大学教授学者兼任编辑的局面，打造一支专业化的编辑队伍。最后，大学出版社还要重视对编辑的包装与宣传，编辑品牌的建立并不是仅仅靠编辑自身能力的提高来实现的，优秀编辑并不一定是名牌编辑，一个品牌的建立还需要多方位的包装和广泛的宣传。大学出版社要有意识地提高编辑个人的影响力，通过网络宣传及出版社介绍与编辑宣传相结合等方式，在图书品牌的建立过程中，也要建立起编辑的品牌效应。在编辑品牌建立后，大学出版社还要注意对编辑忠诚度的培养。名牌编辑的形成不易，凝聚了编辑个人和出版社辛勤的努力，大学出版社要建立起严格的用人制度，同时打感情牌，提高编辑对出版社的忠诚度，防止人才外流现象的发生。

编辑品牌是出版社品牌建设的一部分，是出版社品牌建设的基础，对出版社未来的发展至关重要。大学出版社在品牌建设的过程中，不能走商业出版社忽视编辑品牌建设的老路，而是应该积极转变观念，树立起与时俱进的新的编辑概念，建立起具有大学出版社自身特色的编辑品牌。

大学出版社的图书品牌、作者品牌、编辑品牌三者之间是相互影响、相互促进的关系，任何一方影响力的扩大都会影响到另外两方的品牌效应。图书品牌、作者品牌、编辑品牌一方面都对大学出版社的发展起着非常重要的作用，另一方面三者之间存着这相互联系、相互促进的关系，这三部分共同发力，从而推动大学出版社整体上的品牌建设。

大学出版社的品牌建设还包括出版社自身的品牌建设，这包括大学出版社的社标、社徽、口号等，是大学出版社作为企业实体在品牌建设上的展现。实际上大学出版社自身的品牌建设已笼统地包含在大学出版社的品牌建设中，其社徽、社标都是大学出版社品牌的外在表现，都会在品牌图书上有所体现。因此提到大学出版社的品牌建设，人们一般认为只包括图书品牌、作者品牌和编辑品牌的建设，很少涉及出版社自身的品牌建设。大学出版社自身的品牌建设在一定程度上等同于大学出版社整体上的品牌建设，图书品牌、作者品牌、编辑品牌是出版社品牌建设的重要组成部分，大学出版社的品牌建立在这三者之上。这三者相互促进，推动大学出版社整体上的品牌建设，从而扩大了大学出版社的社会影响力和知名度，也就相当于实现了大学出版社自身的品牌建设。

6.4 推进出版社信息化建设，加强出版社企业文化建设

6.4.1 推进出版社信息化建设

出版社的信息化是把计算机、网络和通信技术应用在出版发行领域，改变传统的出版发行模式。出版社必须积极应对新技术带来的挑战，由被动接受转向主动求变。出版社的信息化建设是更高层次上的一个全新的管理经营理念的变革，它对出版社的出版发行模式、管理方式及出版发行人才建设等都产生巨大的影响。对于资源、人才都处于劣势的中小出版社，信息化意义更为重要。

大学出版社要积极学习兄弟院校出版社信息化建设的经验。通过加强信息化建设，利用技术手段，对外与客户联系更直接，对内改变现有管理模式和业务信息流程，提高办事效率，增强出版社竞争力，实现跨越式发展。要把信息化建设作为技术创新的重点和核心，是组织产品、服务、管理创新的基础和保障。要坚持信息先行，大力推进组织信息化建设，以提高组织的市场反应速度和客户

满意度、降低运营成本和提升组织综合管理水平为宗旨，实现供应链管理、组织内部资源管理、客户关系管理的功能一体化，提高配送系统的时效性和准确性，完善全国各销售网点的信息化建设，通过出版社网站建设及时搜集需求信息并向战略发展研究部反馈，提高信息数据的自动分析能力和决策能力。同时借助网络适时拓展 B2C 图书零售业务，建立读书俱乐部会员等信息服务系统。

6.4.2 加强出版社企业文化建设

良好的企业文化利于有效整合各种资源，资源是企业生存的前提，是企业发展的基础。良好的企业文化是企业创造竞争优势最重要的平台，能大大提高企业的经营业绩，提升营销竞争优势。中华书局、商务印书馆等老牌出版社之所以能在激烈的市场竞争中处于强势地位，不仅在于它们有悠久的发展历史，更在于它们有不可替代的优势企业文化。

要充分挖掘大学出版社多年来在高等教育出版发行领域的历史沉淀与积累，提炼和传播大学出版社的组织文化，必须要以提高组织执行力为根本出发点，以提升员工的能力和价值为导向，建立适应新体制、新流程的组织文化。以创新、发展作为企业文化的主导方向，关注职工的个人发展，终身发展，最大限度地满足职工不同层次的需求，努力在社内营造一种尊重知识、尊重人才、尊重创新的思想氛围，使每个人都能从出版社的发展中感受到事业的成就感。要积极策划、定期举办各种形式的文化礼仪和文化宣传活动，重视文化载体的拉动作用，使职工在活动中升华责任感，增强归属感和形成凝聚力，培养员工的分工意识，将员工个人利益与组织利益紧密联系在一起。要把以人为本的管理思想贯穿于组织管理的全过程，坚持理解人、关心人、尊重人、培养人的原则，建立健康和谐、团结向上的组织氛围，这样才能使出版社的活力和竞争力得到提升和充分发挥。

参考文献

一、学术著作

[1] 茵明杰 . 现代企业持续发展理论与策略 [M]. 北京：清华大学出版社，2004.

[2] 童利忠，丁胜利，马继征 . 企业核心竞争力新论 [M]. 北京：人民邮电出版社，2006.

[3] 金暗 . 竞争力经济学 [M]. 广州：广东经济出版社，2003.

[4] 管益忻 . 论企业核心竞争力：开创战略管理新纪元的第一选择 [M]. 北京：中国经济出版社，2000.

[5] 苗明杰 . 管理学：现代的观点 [M]. 上海：格致出版社，2013.

[6] 陈重 . 公司重组与管理整合 [M]. 北京：企业管理出版社，2001.

[7] 范新华 . 高新技术企业核心竞争力动态演化及评价 [M]. 镇江：江苏大学出版社，2011.

[8] 亚当 · 斯密 . 国民财富的性质和原因的研究（上卷）[M]. 郭大力，王亚南，译 . 北京：商务印书馆，1972.

[9] 波特 . 竞争优势 [M]. 陈小悦，译 . 北京：华夏出版社，1997.

[10] 福斯，克努森 . 企业万能：面向企业能力理论 [M]. 李东红，译 . 大连：

东北财经大学出版社，1998.

[11] 哈默，钱皮 . 企业再造：企业革命的宣言书 [M]. 王珊珊，胡毓源，徐荻洲，译 . 上海：上海译文出版社，1998.

[12] 艾德佳・沙因 . 组织文化与领导力 [M]. 北京：中国人民大学出版社，2011.

[13] 柯林斯，波勒斯 . 基业长青 [M]. 真如，译 . 北京：中信出版社，2009.

[14] 刘益，等 . 出版社经营管理 [M]. 北京：中国书籍出版社，2009.

[15] 田雁 . 图书出版产业之中日比较 [M]. 北京：社会科学文献出版社，2014.

[16] 李家福 . 大学差异化发展研究 [M]. 北京：中国人民大学出版社，2011.

[17] 金占明 . 战略管理——超竞争环境下的选择 [M]. 北京：清华大学出版社，2004.

[18] 张金海 .20 世纪广告传播理论研究 [M]. 武汉：武汉大学出版社，2002.

[19] 黄继刚 . 核心竞争力的动态管理 [M]. 北京：经济管理出版社，2004.

[20] 蔡翔. 大学出版发展战略研究 [M]. 北京：中国传媒大学出版社，2008.

[21] 西奥迪尼. 影响力 [M]. 闾佳，译 . 沈阳：万卷出版公司，2010.

[22] 科特勒，凯勒. 营销管理 [M]. 汪涛，译 . 北京：中国人民大学出版社，2012.

[23] 戴维 . 战略管理 [M]. 李克宁，译 . 北京：经济科学出版社，2001.

[24] 泰勒尔 . 产业组织理论 [M]. 张维迎，译 . 北京：中国人民大学出版社，1997.

[25] 特劳特 . 什么是战略 [M]. 火华强，译 . 北京：中国财政经济出版社，2004.

[26] 张志强，左健 . 中国出版业发展报告：新千年来的中国出版业 [M]. 南京：南京大学出版社，2013.

[27] 国家新闻出版署 . 2018 中国新闻出版统计资料汇编 [M]. 北京：中国书籍出版社，2018.

[28] 国家新闻出版广电总局规划发展司 . 2017 中国新闻出版统计资料汇编 [M]. 北京：中国书籍出版社，2017.
[29] 中国新闻出版研究院 .2018—2019 中国数字出版产业年度报告 [R].2019.

二、期刊论文

[1] 费润民，禹鸿斌 . 出版业核心竞争力初探 [J]. 中国出版，2001(10).
[2] 王晓宁 . 出版社核心竞争力探析 [J]. 编辑之友，2002(4).
[3] 王秋林，李义 . 出版核心竞争力理论思辨 [J]. 出版发行研究，2002(11).
[4] 程孟辉 . 出版社核心竞争力的八大要素 [J]. 出版广角，2002(5).
[5] 王晨 . 论出版社核心竞争力的构建 [J]. 南京社会科学，2003(6).
[6] 周玉波 . 出版业核心竞争力及其培育 [J]. 系统工程，2004(5).
[7] 康军 . 论我国出版社的核心竞争力 [J]. 编辑之友，2004(增刊),
[8] 蔡晓宇，乔东亮 . 出版社核心竞争力构成要素探析闭 [J]. 北京印刷学院学报 2005(3).
[9] 刘永红 . 出版集团建设应正确处理核心竞争力与多元化经营的关系 [J]. 编辑之友 .2005(1).
[10] 罗哲 . 解析中国出版业的核心竞争力 [J]. 兰州学刊，2005(1).
[11] 柳晓丽 . 核心竞争力 —— 出版社生存和发展的原动力 [J]. 农业图书情报学刊，2006(8).
[12] 夏汉生 . 出版企业文化与核心竞争力 [J]. 出版科学，2006(4).
[13] 陶明远 . 出版产业的核心竞争力及西部出版社核心竞争力的培育 [J]. 中国图书评论，2005.
[14] 王雅菲 . 美国大学出版社的发展及启示 [J]. 现代出版，2016(2).
[15] 宗俊峰 . 新媒体时代我国大学出版发展路径探析 [J]. 现代出版，2016(6).
[16] 左健，卢忆 . “一带一路” 背景下大学出版社 “走出去” 的经验与思

考——以中国人民大学出版社为例 . [J]. 现代出版，2019(1)

[17] 于险波 . 大学出版社对所依托高校的作用研究 . [J]. 大学教育，2017(11).

[18] 杨万庆 . 大学出版社的特色发展之路 .[J]. 现代出版，2018(2).

[19] 郑持军 . 后改制时代大学出版社人才队伍建设探索——以西南师范大学出版社为例 [J]. 出版发行研究，2015(4).

[20] 周琳，车巍 . 新时期大学出版社发展的几点思考 [J]. 传播力研究，2019(11).

[21] 张仲玲 . 新环境下大学出版社的出版融合发展 [J]. 岭南师范学院学报，2018(8).

[22] 李广良 . 哈佛大学出版的历史经验 [J]. 中国编辑，2017(2).

[23] 王礼祥 . 大学出版社企业编制人员的发展路径 [J]. 现代出版，2018(3).

[24] 宋婷 . 大学出版社编辑工作模式变革之思索 [J] . 社科纵横，2019(5).

[25] 陈爱梅，李天蔚 . 数字化时代大学出版社版权现状分析——以苏州大学出版社为参照对象 [J]. 编辑出版，2018(5).

[26] 王雅菲 . 美国大学出版社的发展启示 [J]. 环球出版，2016(2).

[27] 陈建军 . 我国微小型出版企业运营策略分析 [J]. 中国编辑，2015(1).

[28] 申玲玲，闫伟华 . 出版转型背景下高校编辑出版人才培养路径探析 [J]. 中国编辑，2016(1).

[29] 刘建华 . 我国出版业的发展现状、趋势与投资界限 [J]. 出版发行研究，2015(10).

[30] 房宪鹏 . 新市场环境下出版社渠道管理的应对策略 [J]. 出版发行研究，2016(6).

三、硕博士论文

[1] 徐骁 . 改制后大学出版社发展对策研究 [D]. 北京：首都经济贸易大学，

2010.
［2］ 俞顺．大学出版社核也竞争力研究［D］．北京：北京交通大学，2010.
［3］ 覃娟.新的出版环境下我国大学出版社的应对之策［D].重庆：重庆大学，2010.
［4］ 刘瑞婷.后改制时代大学出版社发展路径研究［D].南京：南京大学，2015.
［5］ 胡寿鹏.广西师范大学出版社发展战略研究［D].桂林：广西师范大学，2014.
［6］ 木薇.中国大学出版社发展战略选择的案例研究［D].哈尔滨：哈尔滨工业大学，2010.
［7］ 钱翠翠."后转企时代"A大学出版社文化融合研究［D].合肥：安徽大学，2016.
［8］ 贾志甜.中美比较视角下中国大学出版社学术出版研究［D].石家庄：河北大学，2017
［9］ 余瑞新.大学出版社数字出版发展对策研究［D].济南：山东大学，2015.
［10］孙玉玲.中国学术图书出版发展研究［D].武汉：武汉大学，2004.

四、网站

［1］ 全国新闻出版统计网：http://www.ppsc.gov.cn
［2］ 中国出版协会：www.pac.org.cn
［3］ 中国图书出版网：www.bkpcn.com
［4］ 中国新闻出版广电网：www.chinaxwcb.com
［5］ 国家版权局：www.ncac.gov.cn
［6］ 国家广播电视总局：http://www.nrta.gov.cn

附录 1

高校出版社“十三五”发展战略选择——以苏州大学出版社为例

张建初

摘要：本文以苏州大学出版社为例，从高校出版社发展战略的方向、优劣势分析、可行性分析、顶层设计等方面，阐述了高校出版社在制定“十三五”发展规划，确定企业发展战略选择时所需要思考、开展的工作和可以选择的路径，以期为高校出版社在“十三五”乃至更长时期内的发展提供借鉴。

关键词：高校出版社；十三五；战略选择

转企改制以来，高校出版社经历了“十二五”改革发展的洗礼，在专业化、特色化、数字化、多元化、集团化、国际化的发展模式上均取得了一定的成效。当下，各社正在制定“十三五”发展规划，以进一步确定企业未来发展战略。面对众多发展路径，如何选择和定型适合自身发展方向和规律的战略，是所有高校出版社需要认真研究和把握的。

一、高校出版社发展战略的方向

高校出版社的发展战略主要有六个大方向：

一是专业化方向。出版社转企改制以来，在出版企业发展模式趋同的背景下，高校出版社表现出差异性，力争企业“做大做强”的同时，凸显自身专业化优势，无疑是发展战略的首要选择。这种专业化依托于高校自身的学科和人才优势，由此形成的学术出版、高校教材出版板块是高校出版社永恒的选题资源和主要出版阵地。

二是特色化方向。高校出版社最大最直接的资源来自母体大学，有着学科、人才优势，学术专著、教材选题丰富，有一定的市场需求。出版社在长期发展过程中，通过某一领域的选题积累和所处地域文化的融合，凝练出各自的出版特色，这种特色是一个出版社的图书品牌，如清华大学出版社以理工科领域的学术专著、教材见长，北京大学出版社、中国人民大学出版社以人文社科领域的选题为引领，苏州大学出版社以中国丝绸文化和吴文化为亮点，等等。高校出版社应不断深化自身特色的内涵、强化自身特色的彰显度。

三是数字化方向。数字化已成为出版业发展的必然趋势，它既对传统出版形成冲击，又为传统出版开辟未来。但涉足数字领域需要很大投入，而且其盈利模式仍然不是很清晰。所以，高校出版社面对数字化发展趋势不能视而不见，但要谨慎投入，否则不是跟不上时代的发展，就是陷入烧钱的困境。应以项目为抓手，有效稳步推进。当下，国家和地方政府都高度重视对文化产业的扶持和引导，设立专项财政资金，以支持文化企业的转型升级。这是高校出版社应结合自身条件和能力积极争取的。

四是多元化方向。出版集团多元化布局发展成果可资我们高校出版社学习和借鉴。当然，多元化发展必须结合企业自身的环境条件，才能做出正确的路径选择。一般以延伸产业链为选择方向，通常表现为代理教材发行，根据机缘发展其他领域的产业方向，开办特色书店，开展文化教育培训，涉足创意文化产业，如凤凰出版传媒的房地产，时代传媒的外贸，苏州大学出版社代理教材发行和连锁书吧的读者服务部，等等。

五是集团化方向。以往的集团化大都是基于政府主导的企业合并，取得规模优势和资源、市场优势。现在一部分高校出版社也在积极尝试推进自身的集团化，这种集团化主要依靠自身的跨地域布局和延伸产业链发展，如广西师范大学出版社的贝贝特、北京师范大学出版社的跨地域兼并。

六是国际化方向。根据层次或业务范围，出版企业的国际化可表现为图书版权引进和输出、图书跨国合作出版、在国外设立出版分支机构、并购国外出版机构等形式。

二、发展战略制定的优劣势分析

笔者以苏州大学出版社为主要案例，同时结合对部分高校出版社的调研结果，进一步分析高校出版社的发展战略制定问题。

（一）优势分析

第一,“十二五”期间企业快速发展奠定的基础。苏州大学出版社“十二五”规划制定的各项目标，到2015年年底基本实现，各项工作全面进步、协调发展，获得了多项国家重点出版规划项目，国家出版基金规划项目，国家级图书出版奖项及省级重点项目、奖项和资助。苏州大学出版社有一支年龄结构、学历层次合理，编辑水平较高、团队整合能力较强的编辑队伍，有一支吃苦耐劳、富有敬业精神的营销队伍，有一支注重服务、善于管理的领导队伍；苏州大学出版社既有经过二十多年积累形成的传统图书特色板块——职业教育教材、基础教育教材教辅、地方文化读物等，又有“十二五”期间新开拓的有着较好发展趋势的艺术类图书板块——音乐教材、学术专著、普及读物和书法学习与鉴赏方面的碑帖导临、教程、学术专著、作品集等；还有比较完善的规章制度和员工激励机制；等等。

第二，国家对发展文化产业的政策支持。继“十二五”期间国家把文化产业作为经济发展新的增长点和加快转变经济发展方式的重要着力点，图书出版作为文化产业的重要方面，已得到国家的重点支持。"十三五"期间，国家将继续加大资金扶持、税收减免的力度，这对出版企业的发展是非常有利的。

第三，各级政府对全民阅读工程的推动。党和国家的高度重视，政府部门的大力倡导，成为推动全民阅读的巨大动力。国家新闻出版广电总局设"全民阅读活动组织协调办公室"，全民阅读已列入政府工作报告的内容之一，并予以立法，这将为出版业良好发展提供制度保障。应该说，阅读已成为全社会的共识，这为出版业"多出书、多出好书、多出有效益的好书"创造了广泛的市场基础。

第四，中央对弘扬优秀传统文化的高度重视。习近平总书记在文艺工作座谈会上的重要讲话中指出，要结合新的时代条件，传承和弘扬中华优秀传统文化，传承和弘扬中华美学精神。因此有关优秀传统文化方面的图书、教材将会是各出版单位关注的选题，也一定会有较大较好的市场。苏州大学出版社具备高校学科的优势，依托苏南地方经济、文化优势，有着丰富和高端的地方文化图书选题资源。

（二）劣势分析

第一，企业内部存在的不利因素。出版社自身精品图书、品牌图书开发力度不足；图书结构不尽合理，面向社会、适应大众阅读的图书偏少；图书营销习惯于走渠道而市场营销乏术；经济增长方式略显粗放，资源深度利用不够，市场竞争能力亟待提升；对外合作谨慎有余，开拓不足；图书品种特色不够明显，教材策划相对分散重复，没有形成具有品牌影响力的系列产品，未能形成强大的核心竞争力；等等。

第二，企业外部存在的不利因素。出版社在数字出版方面所面临的资源、资金、人才的匮乏，在一定时间内仍将是制约我们开展数字出版业务的瓶颈。图书出版是创意文化产业，优秀的策划编辑人才和营销人才是企业生存、发展的根本，数字化出版又需要复合型人才。企业要发展，一定要储备和培养人才，而增加员工又会给企业带来人力成本压力。这些都是制约出版社在“十三五”期间能够继续发展和成长的企业外部的不利因素。

第三，高校出版社发展的共同困难。①集团化趋势的影响。在经济全球化趋势日益增强，市场竞争越来越激烈的背景下，国内外出版集团的资本实力和垄断经营对我国中小出版社形成了巨大压力。②行业内的恶性竞争、生产成本的快速上涨、组稿费用的不断增加、发行折扣的连续下降等，导致整个出版业盈利能力持续下降，步入微利时代。③数字化发展的影响。数字出版的发展，蚕食了纸质出版的市场份额，纸质出版难以恢复曾经的全盛面貌。

（三）发展战略的可行性分析

关于高校出版社“十三五”发展战略的可行性分析，可以从“二八定律”与“长尾理论”的关系中得到一定的启示。意大利经济学家巴莱特在 1897 年提出二八定律，即用 20% 的产品去创造企业 80% 的效益，用剩下的 80% 的产品创造 20% 的效益。对于一个企业来说，最重要的是要找到那 20% 的产品。我们根据这个定律，把这个 20% 定位为找到最高端、最有效益的 20% 的专业图书，保证这部分图书的发展决定着我们的命脉。随着网络时代的到来，经济学界兴起了一种新理论——长尾理论，它认为由于成本和效率的因素，过去企业只关注最重要的 20% 的产品，对于其余 80% 的产品，人们有可能以很低的成本去关注，即正态分布曲线的“尾部”，关注“尾部”产生的总体效益甚至会超过“头部”。在做好专业化的同时，努力向相关领域衍生，扩大经营范围，适度增加品种，同样可以实现整体效益的增长。

在苏州大学出版社 2015 年度出版的 900 多种图书中，占品种 20% 左右的教材、教辅占销售码洋的 80%。因此，高校出版社必须始终把开发、维护好教材、教辅图书选题和市场作为企业发展的战略重点，这是高校出版社的命脉；同时，也必须看到，教材、教辅以外占据 45% 左右份额的图书虽然单品种销量比较小，资助出版图书单品种毛利有限，但积少成多，能够撑起图书销量的

20%。"十二五"期间，国家和上级主管部门政策调整，导致我们一些成规模的教材教辅相继丢失，我们采取了以较大幅度增加教材教辅以外图书品种的方法来应对，图书品种由"十一五"初的600种左右增加到"十二五"末的900多种，销售码洋得以保持以往水平，整体效益还实现了逐年增长。由此可以看出，教材、教辅类选题的集约度、品牌影响力及对销售码洋的贡献度还不够，"十三五"期间应予重点突破，充分体现二八定律，从而留出空间增加一般图书的出版品种，扩大长尾效应。

四、发展战略制定的顶层设计

（一）发展规划制定的指导思想

作为意识形态重要阵地的文化企业，高校出版社发展规划必须旗帜鲜明地以邓小平理论和"三个代表"重要思想、科学发展观、习近平系列讲话和党的十八大精神为指导，深刻领会、认真贯彻党的十八届五中全会通过的《中共中央关于制定国民经济和社会发展第十三个五年计划的建议》、中办国办《关于推动国有文化企业把社会效益放在首位，实现社会效益和经济效益相统一的指导意见》等具有战略性、指导性的重要文件精神，坚守文化企业的价值追求，积极应对数字时代给出版业带来的深刻变化，通过继续深化改革，进一步解放生产力，激发创新力，提升凝聚力，努力实现品质立社和两个效益协调统一，推动出版社各项事业可持续发展。

（二）发展规划制定的基本原则

规划目标编制的基本原则是科学性、先进性、可行性。规划编制必须遵循科学性原则，企业有其自身发展规律，既需要主观积极作为，又受客观条件制约，绝非拍脑袋能成之事。因此事前调查研究、数据分析、趋势前瞻是编制好规划的基础工作，力求使规划符合行业发展规律和企业自身发展特点。

规划编制必须体现先进性原则，在充分梳理分析企业发展现状和行业发展趋势的前提下，应确定具有先进性的企业发展目标，目标保守不利于鼓舞士气，目标激进则脱离实际，纸上谈兵将会失去规划的意义。因此规划目标应是企业经过努力能够实现的、看得见摸得着的具体指标。规划编制必须依据可行性原则，规划目标的实现受到人力资源、财力资源、作者资源、市场资源等条件的制约。因此规划确定企业发展目标时，必须依据上述条件，做到同步规划，切实可行。

（三）发展规划制定的路径

发展战略涉及企业员工队伍建设，企业经营条件创造，企业经营格局调整，出版图书品种、板块、重点的谋划。企业在专业化、特色化、数字化、多元化、集团化、国际化的发展模式上需要有明确的发展路径选择。

（四）发展规划的特色

目前，出版业已经打破了原计划经济时代成立出版社时所规定的出版种类限制，既体现了出版企业面向市场自主竞争的独立主体身份，也使出版企业在发展模式上逐渐趋同。企业“做大做强”、图书种类全面开花已成为一种现象。高校出版社应该也完全有能力在百社一面的局面中走出一条有自身特色的发展之路，即依托高校的学科优势和人才资源，发展好学术板块、教材教辅板块、科普板块，做出自己的“专、精、特”，形成品牌。

五、发展规划制定的具体实施

（一）加强规划编制的组织领导

在校党委、行政和分管副校长的领导下，由社委会成员等组成出版社“十三五”规划编制领导小组，下设“十三五”规划编制起草工作小组。领导小组负责制定规划编制工作方案，明确规划制定的指导思想、组织考察调研、召开发展战略研讨会（就企业发展进行SWOT分析和发展战略可行性分析），确定规划编制各阶段的时间安排。规划编制起草小组负责根据领导小组规划编制的计划安排和规划制定的指导思想，集中发展战略研讨会的集体智慧，借鉴考察调研中兄弟出版社的经验，具体起草“十三五”发展规划的文本，并以各种方式反复听取意见，不断进行修改。

（二）设计好规划编制的进展步骤

一般可安排调查研究、研讨分析、文本起草、征求意见、修改定稿几个阶段。调查研究和研讨分析是编制好规划十分重要的基础性工作。开展出版社内外的调查研究，可以了解企业自身发展的基本现状，了解同行规划编制的做法、经验及行业发展趋势；召开发展战略研讨会，可以对调查研究获得的第一手资料进行集体讨论，同时又能起到规划编制动员的作用。

（三）规划编制的方式方法

总体来说是由上而下、由下而上、集思广益、民主集中。规划编制首先应在出版社领导班子和规划编制领导小组中通过务虚形成共识，明确规划编制的指导思想，然后通过组织调查研究、召开发展战略研讨会等形式贯彻给企业中层和全体员工，统一思想，共谋发展。形成规划文本后反复征求各层面和各方面意见，集思广益，民主集中。这样既能集中广大员工的聪明智慧，又能借以宣传贯彻，上下一致，齐心协力实现规划目标。

综上所述，我们提出了苏州大学出版社“十三五”企业发展思路：以体制机制的调整改革为动力，以特色、重点选题及重大项目的规划与实施为核心，以优化结构、提升质量和市场竞争力为导向，以传统出版和数字出版的融合发展为抓手，以合理布局主副各业、推进多元化发展为支撑，用足用好已有资源和条件，将地域优势和综合性大学学科与人才优势转化为出版生产力，实现两个效益的有效增长。我们在图书出版主业方面提出了比较符合实际、具有可行性的发展战略：一抓重点，即职业教育教材、基础教育教材教辅、高等教育学术专著；二拓板块，即在以往比较成熟的地方文化、外语等板块基础上，积极拓展艺术（音乐、书法）板块；三增品种，图书品种数量上要努力突破1000种。

高校出版社“十三五”的发展战略选择，应在充分分析已有成功案例的基础上，认真进行顶层设计，根据自身的内外部环境条件，选择既可以是单项的，也可以是多项的，当然在发展的不同阶段其主要发展方向和发展重点也是不同的。战略选择将指引和影响高校出版社在“十三五”乃至更长时期内的企业发展规模、企业产业结构、图书出版主业的板块特色、数字化转型进展、国际化程度等，是高校出版社需要高度重视和认真把握的。

（本文刊载于《现代出版》2017年第2期）

附录 2

转企改制后我国大学出版社的市场定位策略研究

张建初　施小占　李志杰

摘要：当前，我国各大学出版社虽然在转企改制后成为市场竞争主体，但绝大多数大学出版社仍然存在市场定位模糊、发展战略不清晰等诸多问题。依据分众传播理论和市场细分理论，针对大学出版社的市场定位问题，提出大学出版社应根据新时期出版市场的发展情况，结合自身特点，在市场定位策略上可以实施差异化发展战略、品牌战略、数字战略、国际化战略，以此推动自身业务的持续性增长。

关键词：转企改制；大学出版社；市场定位；差异化

随着出版全球化、数字化的推进，为培育更具有竞争力的大学出版企业，进一步解放和发展大学出版社的生产力，在中央的部署下，从 2006 年开始到 2009 年年底，我国 103 家大学出版社基本完成了转企改制任务。转企改制为大学出版社细分读者对象、重塑市场主体提供了发展空间，同时也为遵循出版规律、破解行业困局增添了动力。但是，转型后的大学出版社，绝大多数还存在不适应自身市场角色的变化、市场定位模糊、发展战略不清晰等一系列问题。

一、转企改制后我国大学出版社面临的新环境和新问题

（一）转企改制后原有政策性福利逐渐消失，经营压力变大

我国大学出版社改革开放以来取得了巨大的成就。然而若对其所获成就进行分析，我们会发现这其中虽然有不少大学出版社是靠着自身的奋发图强、辛苦经营发展壮大起来的，但是其中原有计划经济体制下主管主办单位对其进行的政策性扶持也是无法忽略的。如国家对大学出版社 2009 年以前的税收优惠政策及转企之后的所得税免征政策、中小学教材出版和编写的招投标政策、大学扩招政策、大学部分公共课教材的指定出版使用政策、主管主办单位的倾向出版政策等。这些政策性福利曾一度给大学出版社创造了巨大的经济效益和社会效益，打下了良好的产业基础。

然而，这种状况随着我国文化体制改革的进一步深入，文化市场的逐步放开和向市场经济体制转型，大学出版社原有的政策性福利优势已逐渐不在。以大学出版社最重要利润来源的教材出版为例，伴随中小学教材招投标范围的逐步扩大和大中专教材的进一步放开，大学出版社在教材出版方面的竞争愈加激烈。究其原因，一方面，各大学出版社教材出版的重复性非常严重，学校大多选用自行组织编写的校本教材，教材发行量较少，压缩了各大学出版社的利润空间；另一方面，随着大型出版集团和专业教育出版社及民营书商在教材出版方面投入力度的加大，其开发的国家规划教材、优质教材，大学出版社根本无法与其竞争，其结果是生存空间和利润空间进一步变小。此外，由于大学出版社身份比较特殊，作为校办企业，每年还要向所属学校上缴利润，这也使得大学出版社经济负担较大，经营压力巨大。

（二）出版集团化趋势进一步压缩了大学出版社生存和发展的空间

根据国家新闻出版广电总局的数据显示，目前我国已组建 38 家大型出版

集团。出版集团的出现对大学出版企业的发展构成了巨大的挑战和威胁，进一步压缩了大学出版社的生存和发展空间。

从发展情况来看，目前我国大多数出版集团的整合都是以地域、行政为纽带建立起来的，这些集团建成后一般会在原有基础上迅速占有、固化和垄断相对固定的市场空间，这就导致出版业出现了市场高度分割的状态。再来看我国大学出版社，其属于国有独资性质，所属大学往往是其唯一的出资机构，这就决定了虽然大学出版社都已完成转制改企，但是难以像其他的出版社那样可以自由地兼并重组，诚然目前也有一些有实力的大学出版社组建了出版集团，但是目前这些大学出版社集团多是只能走内涵式发展道路，如北师大出版集团、广西师大出版集团、陕西师大出版集团等有实力的几家大学社，与中央、地方出版社所走的外延式集团化道路完全不同，其规模也难以与具有内在联络机制的集群竞争优势的大型出版集团相媲美。鉴于大学出版社的体制特征，其在市场中无法打破已经被大型出版集团分割完毕的市场，这就导致其生存和发展的空间、出版资源和信息、共享资源都被严重挤压，面临内忧外患的双重制约，发展形势日益严峻。

另外，随着数字技术的发展，近年来国内许多大型出版集团凭借其资金、技术、内容资源优势纷纷开始涉足数字出版业务，纷纷制定了长期的数字出版发展规划，将其作为未来投资发展的主要领域和利润增长点，数字技术对传统出版流程的冲击越来越大。目前已经设立了专门的数字出版公司的出版企业有中国出版集团、中南传媒出版集团、上海世纪出版集团等，其中上海世纪出版集团、中国出版集团还自主研发了属于自己的阅读终端产品，搭建了中国数字出版网、易文网等数字内容服务平台，而浙江出版集团已实现了“数字出版内容 + 平台 + 终端”的整个产业链的贯通。这些对于资金、资源都较弱的大学出版社来说，未来若不能凭借自身优势抓住数字出版机遇，积极融入并创新，未来发展空间还将进一步被压缩。

（三）机制改革、班子建设和经营理念转换任务艰巨

大学出版社转企前享受事业编制待遇，员工工作的积极主动性明显不高，普遍缺乏危机意识和责任感，单位的管理机制、班子建设和经营理念多停留在计划经济体制的框架内，这些体制机制和经营理念已不适应市场经济发展的要求。转企后，虽然绝大多数大学出版社按中央要求进行了一系列适应市场机制的改革，出台了一些措施和办法，但是我们通过对全国二十几家较典型的大学出版社的问卷调查发现，转企近十年后这些出版社仍然无法摆脱体制上的束缚，如这些出版社的一、二把手仍然是由所在学校提拔任命并享有正处级待遇，而不是由出版社内部民主选举产生，这就造成了一、二把手经营主体责任意识不够、危机感不强，同时造成了出版社内部激励不足、员工工作积极性不高的局面；另外转企后虽然遵循“老人老办法新人新办法”的人事管理制度，但是仍然普遍存在不公平的现象，如“老人”福利待遇、职位晋升、评优等方面较“新人”仍具有先天的优势，而“新人”大多与上述无缘。

因此，目前大学出版社还需要进一步改革，任重道远。

（四）出版全球化带来的压力越来越明显

从全球范围来看，出版业发生了很多重大的变化，如产业集中度提升、兼并重组日趋激烈、国际市场反复被瓜分等。我国加入 WTO 后，在加强与国际出版的合作和交流的同时，也不可避免地要被卷入这场深刻而广泛的竞争中来，经济全球化和科技的快速发展正以势不可挡的力量改变着出版业的格局。可以预见的是，随着我国出版政策对国外资本的进一步放开，外国出版业将会凭借雄厚的资本和庞大的规模、成熟的管理运作方式、先进的科技手段及丰富的市场营销经验进入我国，这就必然对国内出版业造成巨大的市场压力。而大学出版社无论资本规模还是出版资源都相对较小，伴随国内出版市场的进一步开放，要面对的不仅是来自国际图书市场的竞争，还将面临

资本、出版资源和技术力量等多方面的国际市场挑战。这将给大学出版社带来沉重的压力。

二、当前我国大学出版社市场定位现状及存在的问题剖析

市场定位这个概念是20世纪70年代由美国学者阿尔·赖斯提出的。阿尔·赖斯认为，市场定位的目的是使本企业从战略上进一步明确经营目标和方向，使顾客明显感觉和认识到本企业的产品和服务和其他同类企业的差别，从而给顾客留下鲜明而深刻的印象。为达到这一目的，企业需要在对目标市场上同类产品的竞争状况进行分析，在此基础上再依据顾客对该类产品某些特征或属性的关注程度，为本企业产品打造有强烈冲击力的、与众不同的鲜明特征，并将其形象想方设法采取各种方式主动地传递给顾客，求得顾客认同。

从上面的分析我们可以看到，我国大学出版社转制为企业后，作为市场参与主体，要想在激烈的市场竞争中站稳脚跟并谋求长足发展，一方面要认清市场形势，另一方面也必须对图书市场进行准确的市场定位，以把握消费者的现实需求与潜在需求。那么大学出版社如何进行市场定位呢？根据市场定位的理论，大学出版社市场定位就是在将出版物市场进行细分的基础上，根据市场细分的结果，结合自身的资源和能力及出版物市场的竞争状况，选择最适合本出版社的细分市场作为目标市场，然后根据目标市场打造出自己与众不同的产品或服务，以更大程度地争取消费者的认同和购买。

（一）我国大学出版社市场定位的现状

关于我国大学出版社的市场定位情况，我们从各大学出版社网站中的产品介绍和许多专家学者的研究中可以看到，目前市场定位明确、市场竞争力强的大学出版社还是屈指可数。我国大学出版社的出版范围几乎雷同，都是教材教辅和学术著作，以及少部分的社科图书，至于数字出版则刚开始起步，各大学

出版社普遍缺乏远景规划。特别是最后进入市场的十几家出版社，更是毫无市场经验，根本谈不上科学的市场定位。

（二）我国大学出版社市场定位存在的主要问题

通过查询2015年1月1日中国出版社年鉴社出版的《中国出版年鉴2015》可以看到，2015年我国各大大学出版社出版的图书品种仍然还集中在教材教辅、学术著作、社科类图书出版方面，教材教辅出版仍然是大学出版社最主要的利润源泉。

我国大学出版社在市场定位上存在的问题主要表现为以下几点：

（1）出版范围大部分局限于教材和教辅。从国家新闻出版广电总局发布的历年数据来看，我国大部分大学出版社的出版范围都局限于教材和教辅、学术著作，但是其中绝大部分又都是教材出版，学术著作出版和其他图书所占比重太小，出版范围太窄，利润过于依赖教材，不利于出版社的可持续健康发展。此外我国还有许多大学出版社由于经营手段落后，策划能力不足或市场意识太差，导致没有能力策划好的选题，缺乏明确的市场定位，而主要依靠作者自费出书或科研经费出书维持生存，生存和发展压力异常巨大。

（2）市场特色不突出，缺乏品牌意识。我国许多大学出版社虽然出书品种也不少，但是很少能够形成品牌，特色产品的缺乏不利于形成固定的消费群体，这就要求出版社要了解受众的特点及受众的消费需求，加强市场调研能力，在此基础上打造特色出版产品，创建自己的出版品牌。

（3）市场意识淡薄，经营理念落后。作为文化产业的重要组成部分，我国大学出版社刚刚完成转制，大部分大学出版社市场意识还比较淡薄，经营观念和经营手段较为落后，缺乏科学的理念对其经营进行指导，这就决定了其市场竞争能力较差。

（4）优秀的编辑和营销人才普遍的缺乏。随着图书市场竞争的激烈发展，目前我国许多大学出版社急需拥有更多优秀的编辑和营销人才，需要建立自己优秀的编辑团队和销售团队，但是大多数大学出版社由于体制和激励机制方面的原因，无法招聘到一流的编辑和营销人才。人才的匮乏进一步制约了大学出版社的发展。

三、新时期我国大学出版社市场定位的策略选择

（一）差异化发展战略

根据分众传播理论，出版传播需要根据受众的不同特点和信息需求进行。而根据市场细分理论，出版传播要根据消费者的不同需求生产小众化的产品。依据这两个理论，差异化战略应是大学出版社进行市场定位的首选战略。具体来说，我国大学出版社的差异化战略，就是要在细分图书市场的基础上，确立自己的目标市场，并为这一目标市场的消费者提供差异化的出版产品和出版服务。如外研社以英语学习为其主要目标市场，其出版的《许国璋英语》《新概念英语》等，至今没有任何一家出版社能与其匹敌。

（二）品牌战略

品牌战略是差异化战略的进一步深化，体现了准确的市场定位。为在消费者心中树立良好的企业形象，培养消费者的忠诚度，我国大学出版社要在差异化战略的基础上注意打造自己的品牌，培育自己的品牌出版物或品牌出版物系列，以增加重复购买。

大学出版社在实施品牌战略时，可以具体采取以下策略：①可以依托大学品牌，借助主办大学优势专业打造自有品牌。如武汉大学出版社借助武汉大学测绘专业强项，打造了全国独一无二的测绘品牌，取得了非常丰厚的经济效益和社会效益。②打造品牌产品。可以集中力量做好一种或一类出版物，在此领域树立良好的企业形象。如清华大学出版社紧紧抓住计算机类教材，倾力打造，最终成为这一领域的领先者。③打造作者品牌。一个好的作者本身就是具有无

穷潜力的品牌，出版物的作者是出版社最重要的资源，其本身就是对图书质量最有力的承诺和保证。同时，多产的名作者往往又会形成一系列的品牌图书，可以实现品牌的系列化、持续化发展。成功运用作者品牌的大学出版社有很多，如外研社出版的《许国璋英语》一版再版。

（三）数字化战略

目前，数字化出版已成中国出版业的新增长点。根据中国新闻出版研究院院长魏玉山《中国数字出版产业年度报告》，从2006年开始到2013年，我国电子图书的收入增长年均为78.16%。而到了2014年，我国数字出版产业收入已达到3387.7亿元，比2013年增长33.36%，数字出版产业收入在新闻出版产业收入的总比由2013年的13.9%提升至17.10%。因此，大学出版社实施数字化发展战略已是势在必行。

目前，大学出版社在实施数字化战略时需要注意以下事项：①鉴于大学出版社大多为资源、技术、人才等都较弱的中小出版社，在实施该战略时要注意借鉴大型出版社或出版集团的成功经验，同时在发展数字出版条件不具备的情况下，可利用自身优势与网站或网络公司合作打造自己的数字出版平台，开发数字出版产品；②应注意加强自身建设，积累内容资源，并按体系制作成电子文本资料。

（四）国际化战略

出版国际化战略也是差异化战略的具体体现，它是与数字化战略相互促进的战略。随着出版全球化的推进，我国大学出版社要积极参与国际出版市场的合作与竞争，一方面要尽可能把国内优秀的出版物推向国际市场，另一方面要积极为国内读者引进国外优秀的出版作品，以取得更大的竞争优势，获得高额的经济效益。

大学出版社实施国际化战略时，通常可采取如下措施：①根据市场调研情况和国内受众需求，在对图书市场精确细分的基础上，以购买版权的方式积极引进国外优秀作品。这方面比较成功的如外研社的《新概念英语》、清华大学出版社的外版计算机教材等。②根据自身出版资源情况开展积极的版权输出，要因地制宜地对拟输出的图书品种进行适当改造，使之更加适应引进国的读者习惯。③要善于利用各种国际性的图书博览会，积极开展图书的版权引进和输出工作。④还可以借助网络出版积极开展国际出版合作，开拓国内外数字出版市场。

四、结语

转企改制后大学出版社市场生存压力日益加大，为进一步确立市场主体的地位，不仅需要继续进行体制、制度、机制等方面的改革，还要开展内容创新，探索建立有效的盈利模式和商业模式，任务非常艰巨，而要达到这些目标，大学出版社就必须首先进行正确的市场定位，在市场定位的基础上进行一系列改革和突破。需要注意的是，在选择上述市场定位策略时，大学出版社一定要结合自身条件进行，可几种战略并行，也可集中精力发展一种战略，待该种战略实施成功后再进行其他战略。

【参考文献】

［1］ 国家新闻出版广电总局规划发展司 .2013 年中国新闻出版统计资料汇编 [M]. 北京：中国书籍出版社，2013.

［2］ 王金龙 . 大学出版社的品牌经营战略 [J]. 出版参考，2012（33）：2-1-2-1.

［3］ 柯慧 . 大学出版社的数字出版运营平台研究 [D]. 武汉：武汉理工大学，2012.

［4］ 蔡翔 . 大学出版发展战略研究 [M]. 北京：中国传媒大学出版社，2008.

（本文刊载于《传播与版权》2016 年第 8 期）

附录3

大学出版社发展数字出版的必要性及应对举措

施小占　张建初　李志杰

摘要： 数字出版给大学出版社的跨越式发展带来了机遇，但是对大多数规模较小的大学出版社来说又面临巨大的压力和挑战。如何在数字化语境下，推动大学出版社的数字转型，优化其发展环境，是目前大学出版社普遍面对的问题。文章就我国数字出版的现状进行了分析，在对大学出版社发展数字出版的必要性和面临的困难分析的基础上，提出大学出版社要在数字出版方面有所建树，须统筹全局，注重长期策略规划；创新形式，拓展数字出版市场；整合资源，优化出版单位管理模式；依托网络，转变传统出版的销售模式。

关键词： 数字出版；大学；出版社；应对举措

随着时代的进步与发展，科技逐渐与人们的生活相融合，这对图书的出版、销售等整个流程都起着不可小觑的推进作用。在出版过程中，数字化技术与图书出版相互促进、相互发展，逐渐实现出版行业的现代化。鉴于此，单纯的传统出版已不能适应时代的发展与人们的需求，出版社必须在原有的传统出版的基础上不断创新，融入新的元素，借助互联网这个强有力的媒介，增加自己的市场竞争力，扩大自己的发展领域。大学出版社作为传统出版社的一员，在传统出版向数字出版转型的过程中更应首当其冲，适应当今阅读环境和出版环境的变化，继续在教育出版领域发挥其应有的作用。

1. 我国数字出版产业及大学出版社数字出版的基本情况分析

1.1 我国数字出版业的数字出版情况

（1）涌现出了一大批知名数字出版企业

目前，我国数字出版产业发展迅猛，参与者众多，在很多板块都表现活跃，如期刊数据库方面的同方知网、万方数据、维普资讯、龙源期刊等；电子图书方面的方正阿帕比、书生、超星、中文在线等；原创文学网站的起点中文网。尽管我国数字出版产业在不同板块已形成了一些知名企业和品牌，但在数字化的发展上，仍然存在很多问题，如传统出版单位因为技术上的劣势，更多专注于自己企业和产品的转型，技术提供商因为内容上的劣势更多专注于向传统出版单位要内容，两者尚未形成合作、甚至合资整体向数字出版进军的局面。另外，在对我国数字出版企业进行分析时我们还发现，目前我国搞数字出版的大型企业还很少，仅仅几家，他们居于垄断地位，这非常不利于那些发展数字出版的小企业发展，小企业很难被人们发现和重视。

（2）数字出版市场收入规模逐年扩大

根据中国新闻出版研究院发布的2010—2014年数字出版产业收入统计数据来看，近年来我国数字出版产业收入连年增长，数字出版规模不断变大。互联网期刊、电子书、数字报纸、网络动漫等方面都有显著增长。未来数字出版市场随着阅读媒介、阅读环境和人们阅读习惯的变化，数字化的阅读人群不断增长，数字出版产业的收入连年增加。数字出版产业的发展势必不断侵蚀传统出版的市场领域和市场规模。因此，长期依赖传统出版的大学出版社面对数字化出版的巨大挑战和机遇，必须要下定决心，发展自己的数字出版市场。

1.2 我国大学出版社的数字出版情况

尽管近年来我国数字出版发展很快，但是我国大学出版社的数字化进程仍然处在一个较低的水平，究其原因，大学出版社的规模效应成为决定数字化推进速度的主要影响因素。一般来说，大学出版社的规模与数字化的推进速度成正相关性，规模越大数字化推进速度越快，然而我国大学出版社又绝大多数是中小规模出版社，在数字化的推进过程中进展缓慢，诸如发展观念、技术水平、资金投入等很多问题难以解决。

可以说，目前我国大学出版社距离真正实现数字化的道路还十分艰巨。当前，在思想上提高认识、行动上保持谨慎是大学出版企业数字化建设的主流。

2. 我国大学出版社发展数字出版的必要性

2.1 国家政策支持及行业合作发展

就现在时代发展来看，手机、电脑等数字化产品已经相当流行普遍，人们除了传统的购买纸质书籍之外，更多的人选择方便快捷的电子书及数字图书等。因此数字出版的发展空间是非常广阔的。我国的国情是这样，国外亦是如此，整个全球的数字出版发展都受到各国政府的认可及支持，并且采取相应的措施鼓励人们不断进行创新。

就我国来说，近年来国家出台了多项重大政策来鼓励支持数字出版业的发展。如 2010 年 8 月 16 日《关于加快我国数字出版产业发展的若干意见》《关于发展电纸书产业的若干意见》；2011 年 4 月《新闻出版业“十二五”时期发展规划》；2012 年 2 月《国家“十二五”时期文化改革发展规划纲要》；2014 年 8 月《关于推动新闻出版业数字化转型升级的指导意见》；2015 年 2 月《关于申报 2015 年度文化产业发展专项资金的通知》；2015 年 4 月《关于推动传统媒体和新兴出版融合发展的指导意见》等。

这些政策方面的支持无疑会助推我国数字出版产业的发展，加快传统出版企业的转型升级。因此，从国家的政策引导上来看，发展数字出版对大学出版社来说势在必行。

2.2 市场阅读环境的诱因驱使

大学出版社的主要读者群体为广大学生，而随着互联网和电子科技的发展，这些学生的阅读习惯发生了翻天覆地的变化，网络阅读、手机阅读、电子书等正成为主流的阅读行为，如果大学出版社不能适应这些读者的阅读习惯的变化及时跟上数字化出版的潮流，则势必摆脱不了在这一轮新技术出版的革命中被淘汰的命运。

2.3 数字出版保障体系正在建立并完善

为解决数字出版带来的法律侵权问题，保护相关责任主体的法律权利，目前我国数字出版保护标准建设正在有序推进。如在保护数字版权方面，立法上包括《互联网出版管理暂行规定》《互联网著作权行政保护办法》《出版文字作品报酬规定》《图书出版管理规定》等的修订正在征求意见，对数字网络领域的稿酬支付使用文字作品支付报酬办法有指导作用；同时关于利用自媒体等转载网络信息行为的过错及程度认定问题，最高人民法院关于审理利用信息网络侵害人身权益民事纠纷案件适用法律若干问题的规定也做出了明确的认定；此外，其他各项数字出版工程正全面推进，如目前国家数字复合出版工程已经全面启动，国家知识资源服务中心建设也正在积极筹备，专业知识资源数据库建设已经启动，国家数字出版保护技术研发工程也即将完成并投入试点。以上这些保障体系无疑会给大学出版社的数字化出版保驾护航，促进大学出版社由传统出版向数字出版的转型升级。

3. 我国大学出版社发展数字化出版面临的困难

3.1 管理体制落后

大学出版社，尤其是资金、技术实力较弱的中小出版社要发展数字出版市场，如前所述，势必要有一套面向市场的灵活的、独立的管理体制，但是大学出版社长久以来都是采用“事业单位，企业管理”的管理理念，这无疑严重阻碍了它的创新与变革。作为出版事业单位，新闻出版主管部门是其直接的上级管理部门，上级部门对其出版任务具有明确的规定；作为学校的一个二级单位，承担一定的教学科研服务也是其分内的职责，除此之外，其人事、财务、经营等均受到所在大学的干预。随着出版业体制改革的逐步深入，越来越多的大学出版社更加注重经济的独立性和运营机制的完整性，让其能够以一个独立的市场主体出现在市场竞争中。然而，由于其长期受传统管理理念的影响，这种思想已经根深蒂固，要想彻底打破这种观念，构建一套完善的运营机制绝非一朝一夕之事。

3.2 发展模式单一

我国大学出版社长期以来过分依赖于教材、教辅及学术著作的出版，各大大学出版社的出版物同质化现象非常严重，在其他出版领域的探索经验不足，发展模式没有创新，较为单一。这种单一化的发展模式使得大学出版社之间在数字化出版的发展中彼此缺乏资源优势，大学出版社之间竞争必将非常激烈。

3.3 出版产业化的冲击

近年来，随着出版行业的改革与发展，一些出版集团的规模不断扩大，拥有更加正规的管理与专业出版团队，在市场竞争中对大学出版社构成很大的威胁。此外，大型出版集团将受众目标从社会群众扩大到学校，将学生教材也纳入自己的出版范围，这对于大学出版社的优势形成了极大的挑战。与大学出版社相比，大型出版机构有着丰富的薪酬与福利，对大学出版社的专业人员与人才形成极大的诱惑，使得人才源源不断地流向大型出版机构，而这对大学出版社向数字化出版方向转型是极为不利的。

3.4 出版外资的威胁

随着经济全球化的发展，国际的关系与交流更加密切，很多国家想进入国外市场进行业务拓展。一直以来，国外的出版传媒行业都想要充分利用我国的人口优势，努力挤进我国的出版传媒市场中，对于大型出版社而言，这也许是一个合作的机会，将会对整个市场格局产生极大的影响；而绝大多数大学出版社本身规模小、资金短缺、管理模式不健全。因此在市场竞争中会处于不利地位。

由以上分析可以看出，大学出版社向数字化出版方向转型面临着巨大的压力，要想在未来出版市场竞争中占据有利地位，就要吸纳人才，健全相应的管理制度，不断进行创新。

4. 我国大学出版社发展数字化出版的应对举措

4.1 统筹全局，注重长期策略规划

信息和数据广泛应用的社会趋势对出版行业的经营和运行流程必然会产生影响，尤其是出版业的商业运营模式。传统的出版业经营理念将从根本上被打破，并进一步向品牌化、商业化、电子化方面转变。正是由于现代电子信息技术对出版业的影响无处不在，才引起了出版业的全面变革。而这种环环相扣的全面改革也不仅仅是表面上的简单补充，更是要求整个行业站在长远发展的角

度，从自身出发，结合国家政策、社会趋势、国内外经济文化环境及国内科技条件等因素综合考虑，做出战略性的规划。

在市场经济环境下，出版行业要想长久发展并有所突破就必须要尊重市场选择。因此大学出版社要做到准确把握读者动态及时调整出版形式和出版内容，满足市场上读者阅读需求的变化。另外，在数字化的社会趋势下，读者的阅读形式由纸质阅读逐渐偏向于电子阅读，显然大学出版社的转变就离不开电子信息技术的应用。而对于大学出版社来说，丰富的学术资源为电子出版物提供了宝贵的数据支持，这就是产业链顶层设计的有力保障；学生群体为电子出版的发展方向提供了现成的调研对象，方便了解年轻用户的需求以提供有针对性的数字化服务；大学特有的智力资源更是为数字化培训和教育节省了资金，也提高了整体参与度。这样就会在大学出版社形成一种完整的产业模式，在综合考虑各种因素的情况下，各个环节紧密连接，能确保行业的长远发展。

4.2 创新形式，拓展数字出版市场

大学出版社想要拓宽市场，就要积极同专业技术部门合作，把数据资源优势用新的技术手段进行包装，推出数字出版物。这样既能使出版社赶上时代的潮流，又能为电子信息技术的发展创造一个新的里程碑。因此，大学出版社也要积极开拓数字出版物市场，寻求合理契机同电子运营商和已有的网络出版行业开展合作，尤其是手机出版业务的作用更是不容小觑。不仅像之前提到的大学出版社借助网络服务商开设官方微博，近几年，随着微信的兴起和智能手机拥有量的剧增，人们更多地关注起微信平台的趣味功能。早在2012年年底我国手机拥有量就突破11亿部，而随着智能手机的普遍使用，目前我国智能手机拥有量达到1.67亿部，庞大的消费市场和巨大的消费潜力都在提醒着各大学出版社要抓住先机在电子出版市场上占据一席之地。在这方面，北大、清华等大学出版社及时搭建微信平台，这种做法值得各大大学

出版社学习。

4.3 整合资源，优化出版单位管理模式

大学出版社在信息时代要充分认清电子多媒体大发展的现状，将宝贵的学术资源与先进的电子科技相结合，通过多方合作和全面改进，逐渐形成自己特有的出版优势。也就是说，在原有的信息资源的基础上，学习现代电子科技，利用网络传播的方式扩大学术资源的共享度，尤其是电子出版物的推行，逐渐形成数字时代大学出版社的独特优势。如大学出版社在掌握科技手段和运营理念之后，可以设立独立的电子出版部门，这样就可以负责本出版社的数字资源整合和发行、电子技术服务和应用开发等数字化工作，技术的应用和资源的管理都能达到一个新的水平。以清华大学出版社为例，他们和方正合作推出了数字出版系统，为数字资源的整合和发行提供了专业技术的支持；和新加坡电子书系统共同推出了服务于网络资源阅读的文泉书局，既有利于整合和管理文献资料，又方便读者阅读；此外，还和校图书馆共同建立了图书资源数据库，更加完善了系统的资源整合功能。这种发展模式显示出清华社的强大资源实力；同时为电子化信息检索和期刊查询提供了文献资料，方便读者的个性化检索阅读；电子出版技术的应用又能提高清华社在出版界的竞争力，树立知名大学引领潮流的品牌形象，可谓一举多得。

4.4 依托网络，转变传统出版的销售模式

数字出版物不仅在发行内容和形式上与以往不同，而且其营销手段也有自己的独特性。因此数字化营销模式的引进就显得至关重要，利用信息技术加强宣传、开拓市场也是与数字化出版业务相契合的技术进步。这就要求大学出版社充分利用现有资源和先进的电子营销手段，推陈出新，创造性地开发出符合潮流、适合自身的营销模式。以清华大学出版社为例，文泉书局的销售模式就

十分值得借鉴。它主要包括线上和线下两条销售主线，线上以图书付费阅读为主要形式，线下则是销售实体图书。而销售既可以在清华社的网站上开辟购书专栏，也可以加盟亚马逊、当当网等专业购物网站，将销售信息借助清华社和购物网站的影响力加以扩散。这样就打破了传统的图书销售模式，充分发挥了信息技术和数字化应用在图书资源销售中的独特作用，为大学出版社的数字化转型提供了范本。

参考文献

[1] 张新华．客户价值最大化数字出版的盈利之源 [J]. 出版广角，2012,(4)；70-73.
[2] 夏海清．数字出版业发展的再思考 [J]. 编辑之友，2012(3)：87-88.
[3] 万玉云．浅谈传统出版社的全媒体数字出版 [J]. 中国编辑，2012(2)；68-72.
[4] 谢俊波．走出数字出版“泡沫”困局 [J]. 出版广角，2012(3)：29-30.
[5] 郭常斐．数字出版“热”背景下的冷思考 [J]. 编辑之友，2012(2)；87-89.
[6] 张宏．媒介融合与数字出版—关于数字出版内在基本模式及路径寻找的另一个视角 [J]. 出版广角，2012(1)：70-72.

（本文刊载于《科技与出版》2016 年第 7 期）

附录 4

大学出版进一步服务立德树人根本任务的思考

施小占　张建初　李志杰

摘要：大学是培育新时代高素质人才的重要阵地，更是培育中国特色社会主义接班人的孵化地。因此，大学不仅要重视专业教育，更应当重视对当代大学生的思想品德教育，坚持德育为先的基本教学理念。对于同大学教学息息相关的大学出版单位而言，则是要考虑如何服务大学立德树人的根本任务，本文将就这一问题展开进一步论述。

关键词：大学；大学出版单位；立德树人；创新对策

一、引言

对于大学出版单位而言，它们不仅是我国开展教育事业的主要阵地，更承担着传播社会主义先进理念与文化和培育新时代高素质人才的重任。大学出版单位的出版物对于各专业人才的培养、科研的推进及文化传承等重大社会服务起到了积极的促进作用。

一方面，大学出版单位的出版物为实现学术研讨和高等教育教学提供了重要的纸媒资源；另一方面，大学出版单位也全面践行了国家文化企业的伟大使命。在这个服务过程中，大学出版单位应当牢牢记住其根本的任务：服务立德树人，将德育摆在优先发展的位置。

二、大学出版单位服务立德树人根本任务的价值

大学出版单位在服务大学立德树人的根本任务上具有显著的促进作用，是其他教育方式无法取代的。总的来说，大学出版单位服务立德树人根本任务的价值有以下几个方面。

（一）大学出版物可真实记录立德树人事件

大学出版物中最常见的就是档案了，大学档案就本质而言为一种教学的记忆工具，它能够对该校在历史发展进程中所发生过的方方面面进行如实记载。其中一些杰出学子的事迹正是大学对大学生进行立德树人教育的榜样，如中南大学土木工程学院带着失明母亲求学的2013级吴步晨、宁波卫生职业技术学院全国道德模范孙茂芳等，这些发生在大学生身边的立德树人事迹将会载入大学档案中，成为大学出版物服务立德树人根本任务的真实见证。

（二）大学出版物为立德树人教育提供宝贵素材

大学出版单位出版物中有相当一部分是大学生的专业教科书或参考书，在出版物的内容编排上注重培养学生的专业素养，提升学生专业素质；还有一些出版物，则会大力弘扬社会主义核心价值观和校园正能量，如大学生校报、校刊等，对于校园中优秀的学子、杰出的学者会予以宣传。这些都在无形中体现出服务大学立德树人根本任务的目标，既能够推动大学教学质量的提高和专业的发展，同时也有助于对大学生思想品质的全面塑造。

（三）大学出版单位是践行大学立德树人根本任务的重要阵地

大学出版单位服务于大学师生，以纸媒出版物为主要载体进行文化传播。因此这就使得大学出版单位承载着为大学师生及社会学者文化传播和思想教育

的重要功能。同时，大学出版物大都是优秀学者的教材和学术专著，不仅有助于提升校园师生的学术专业水平，也能够在其中获得先进的思想理念和品德教育。

三、大学出版单位进一步服务立德树人根本任务的思考

（一）要进一步明确大学出版的目标定位

众所周知，大学出版单位承担着国内绝大多数高等院校教材的出版发行任务，主要出版物为教材和学术专著。教材作为高等院校师生进行专业知识学习、交流和思想沟通的重要媒介，是教学得以正常开展的必备条件。教材建设作为高等院校教学建设的重要组成内容，在大学道德教育和专业教学过程中发挥着重要作用。但是当前我国高等院校出版单位的出版发行在服务大学立德树人的根本任务上，还存在着如下不足：出版单位同大学教学管理机构存在脱节，不能够以大学的教学计划为依据进行教材的出版采购，从而导致出版计划同教育教学相脱节，直接影响到教学效果和进度。针对于此，大学出版单位应制定有力措施，要定期与大学教学管理机构沟通协调及时获悉教学进度，了解各专业教学的详情细节和教材的开发使用情况，从而根据教学进度和需求制订出科学合理的出版计划。如此，才能真正做到为教书育人、立德树人而服务。在这个过程中，明确大学出版单位的目标定位工作就显得尤为重要，应当切实考虑如下两点因素：

第一，要牢记为教育教学服务的中心思想。大学出版单位要设立专业的教材服务部门，为大学做好教材的基础保障工作。大学教材服务部门可以依照大学教学进度设计好出版工作流程，如教材服务部门的工作时间要同大学教学时间相一致，并且在大学的寒暑假期间能够根据教材征订计划做好教材的入库工作，在学生开课前安排教材的领取工作，从而确保教材及时到位。这就要求教材服务部门的人员具备一定的教学管理服务能力，对于大学的教学管理流程深

谙于心，同时与大学师生沟通流畅精准，具备良好的主动服务意识，只有这样才能够最大限度地发挥出教材服务部门的基础保障作用。

第二，牢记大学出版单位的经营理念，坚持以人为本，以学生为本。教材出版工作应当融入出版单位的工作体制构建过程中，部分大学出版单位在进行校企改制之后很容易走向过度追求经济效益的偏路，从而忽视以人为本的初衷。大学出版单位，应始终坚持以人为本的服务理念，坚持社会效益优先，坚守服务大学立德树人的根本任务，不断强化出版社员工立德树人的工作意识和理念，保障出版物质量。

（二）扩大大学出版单位教学服务优势

大学出版单位承担着教学服务的重任，唯有扩大其教学服务的职能优势，才能够为实现立德树人的根本任务提供资源保障，具体路径可考虑以下几个方面。

首先，依托同教学管理部门在教材方面的合作，大学出版单位可以向教学单位推荐采购书目，特别是符合大学生专业水平和道德提升的优秀著作。在大学教材建设环节，大学出版单位担任了教材编辑立项与出版的主角，如从 2012 年开始，四川大学出版社发动众多优秀编辑投身于四川大学本科生的教材建设工作中来，截至 2018 年，在短短六年时间内，四川大学出版社出版该校教师编著教材达 50 多种，校级立项教材占到了 10 余种。为配合母校教材出版的顺利进行，四川大学出版社还专门设立了川大本科教材出版基金，促进项目的顺利开展。这项工作有力促进了四川大学立德树人工作的开展。

其次，大学出版单位应当重视专业人才的选拔，在出版单位的纳新工作中不仅对求职者的专业编辑和出版技能进行考察，同时更要关注编辑出版人员的个人素养。对于缺乏服务精神和职业道德素养的求职者不予录用，对于德行高尚且业务精熟的人员可以破格录用，不以学历、出身、性别等因素为首要考核点。只有德行好的编辑出版人员才能够在选题、内容编辑过程中发挥最大价值，为广大师生提供优质的出版物。

最后，大学出版单位作为独立法人企业具备独立核算和经营的权利，可以借助出版社强大的资金支持为大学教学工作提供服务，如对于有教学需求但是印刷量少的教材，大学出版单位可以启动专项基金，从而确保师生的教学需求。只有坚持以教学服务为中心，大学出版单位才能够在服务过程中完成服务立德树人的根本任务，并赢得大学教学管理部门的信任和支持，进一步占有市场。

（三）秉承人性化服务理念

第一，以超前服务取代滞后服务。大学出版中心的人员理应结合自身岗位的优势，依托大学出版的优质平台，优化教材的发行管理进度。对于大学教师要强化新版优质教材的宣传力度，并且能够为教师提供参考样书，或者开放教材供应系统，以便于教师进行书目的选择，按需下单，缩减出版服务流程与时间。

第二，以主动服务取代被动服务。大学出版单位的工作人员应当时刻树立积极服务的意识，能够及时了解大学各院系甚至各个班级的教学进度和教材使用情况，提前做好教材出版计划，从而确保教材供应并最大限度地提高出版服务的水平。

第三，以质量服务取代数量服务。大学立德树人工作离不开优质的教学素材。因此对于大学出版单位而言，教材的质量远比数量更重要。在选题上要严格把关，要选取既能够符合教学需求又符合发展要求的选题，选题在内容编排上体现专业要求的同时要渗透德育教育，使学生在潜移默化中提升其价值层次。

四、结语

大学出版单位在服务立德树人的根本任务上，只有秉持以人为本、以学生为本的理念，努力配合大学做好出版物的服务工作，切实保证出版物质量，才能够为更好地服务立德树人的根本任务做出自己的贡献。

参考文献

[1] 伍奇.依托民族文化资源，创新出版走出去模式[J].出版发行研究，2015(08).

[2] 于险波，龚晨.后转制时代大学出版社的多元化发展[J].教书育人(高教论坛)，2017(05).

[3] 姜东升.深化实培计划育人新模式，开创共建联合培养新格局[J].北京教育(高教)2017(06).

[4] 杨丽娜.基于移动课堂视角的校企深度合作育人模式研究：以上海出版印刷高等专科学校为例[J].大众文艺.2018(06).

(本文刊载于《传媒论坛》2018年第17期)

附录5

大学出版单位社会效益提升创新机制研究

施小占　张建初　李志杰

摘要：随着出版全球化及数字出版技术的发展，图书出版行业竞争愈发激烈，各大出版社为了生存发展的需要，对图书出版的经济效益愈发看重，大学出版单位亦不例外。然而对于大学出版单位而言，其办社宗旨主要是为大学的教学、科研服务，为全民的终生教育服务，为振兴我国高等教育事业、促进国民经济发展服务，更应注重的是出版的社会效益。鉴于此，本文就如何提升大学出版单位出版物的社会效益，从机制创新方面展开研究。

关键词：大学；出版单位；社会效益；创新机制

新技术及新媒体的飞速发展，特别是智能手机等电子产品的普及，自接改变了人们的阅读方式与习惯。这使得我国传统的出版行业面临着严峻的挑战，然而文化体制变革为出版单位提供了新的契机，从而使得传统出版行业呈现出繁荣发展的趋势，特别是体现在经济效益规模的增长上。在此过程中，大学出版单位也出现了片面追求经济效益，忽视社会效益的问题，这直接导致了文化出版物的内容质量鱼龙混杂，呈现出高产低质的特点。更有部分大学出版单位将运营权进行外包托管，而承接出版权的外包企业将经济效益作为考核的唯一指标，完全不考虑社会效益。然而对于大学出版单位来说，其办社宗旨主要是为大学的教学、科研服务，为全民的终生教育服务，为振兴我国高等教育事业、促进国民经济发展服务，更注重的是出版的社会效益。因此，大学出版单位必须要重视其出版物的社会效益问题，要采取有力措施，通过创新机制来有效保障出版物的社会效益。

一、大学出版单位注重社会效益的必然性

（一）注重社会效益是构建社会主义核心价值体系的必然要求

习近平总书记多次在全国思想工作会议中强调，当今社会应当加强社会主义核心价值体系建设。大学出版单位作为文化出版企业，承担着重要的社会责任，更应当将社会效益放在第一位，当社会效益同经济效益产生矛盾后的时候，要坚持社会效益为先的基本原则，这才能够为构建社会主义核心价值体系提供正确的思想舆论导向。

（二）注重社会效益是大学出版单位的历史使命与宗旨

高等院校出版单位主要的任务在于各级别院校教材、工具书、参考书及其他学术指导图书的出版印刷，此外大学出版物还能够从另一方面反映出该校学术研究水平的高低，为科研进步而服务，为人才培育而服务，这就是大学出版单位的历史使命与宗旨。2015 年由教育部及国家新闻出版广电总局联合印发的文件《关于进一步加强和改进大学出版工作的意见》中明确指出，大学单位出版工作的正确方向是坚持社会效益为先，进一步明确了大学出版单位的功能定位与使命。

（三）注重社会效益是大学出版单位可持续发展的现实需要

当下大学出版单位面临着严峻的现实挑战，一方面是各种新媒体的冲击，如微信公众号、知乎、新浪、网易等，它们在各种专业知识的传播上具有便捷、

高效、成本低等优势，另一方面各种数字出版物相继诞生，电子书搭配智能手机阅读成为一种时尚，更适合新兴青年群体。因此，传统的大学纸媒出版物受到了前所未有的冲击，对于大学出版单位而言，要想实现其可持续发展，必然要坚守社会效益原则。也就是将大众所需的知识诉求点予以精准分析，出版更多专业水准高、制作精良且具备社会影响力的学术力作，如此不仅能够推动大学产学研的结合深化，同时更是服务广大社会学子，构建稳健增长的受众读者群体，为实现其可持续发展奠定社会资源基础。

二、大学出版单位提升社会效益的创新机制

（一）坚持科学专业的出版定位

大学出版单位要始终坚持为教学和科研服务的基本宗旨。因此就应当对出版物的内容、方向及产品进行科学专业的定位，如理工类大学的出版社，其出版物应主要定位在理工类专业领域，艺术类大学的出版社应以艺术教学、艺术理论为主要出版方向，等等，这样的定位有助于大学出版单位真正做到扬长避短并且有选择性地打造出一批具备高专业水准的内容出版物。借助学科专业的优势，大学出版单位能够进一步提升自身的学术影响力和在出版领域中的地位，一方面既能够促进本校的专业教学宣传力度，提升专业优势，同时还能够服务于整个社会，为其提供高精尖的内容出版物，切实体现出高等学校出版单位的社会价值。

再以国内知名大学中国人民大学为例，该校优势专业为人文社科及经济管理专业。因此中国人民大学出版社在出版物的定位上就依托中国人民大学人文社科、经济管理等学科优势，相继出版了一系列专业特色鲜明且高水准的著作，从而在人文社科和经济管理的学科领域获得了良好的口碑，巩固了在此领域的出版地位。例如中国人民大学出版社在2015年3月出版的人文著作《大道之行：

中国共产党与中国社会主义》，上市后仅仅一周时间当当网、亚马逊等知名网上书店就售罄一空，此后更是长期占据畅销榜首位，前后累计印刷高达13万册，服务了近百万大学学子，创造了不可估量的经济效益和社会效益。

因此，对于大学出版单位而言，依托母校专业优势进行精准定位是必小可少的，唯有集中精力发掘自身优势，取长补短，出高精尖作品，才能够形成巨大社会影响，为其树立品牌和好口碑，最终实现社会效益和经济效益的全面发展。

（二）品质为先，实施出版精品化战略

在迅猛发展的信息化时代中，出版市场竞争日趋激烈，传统内容物的出版受到了严峻的挑战，特别是新媒体和数字出版物兴起后，以大学出版单位为代表的传统出版企业受到了巨大的冲击。在这种市场背景下，唯有实施出版精品化战略，坚持品质为先，服务社会，才能够力挽狂澜，在出版市场中占得一席之地。

教育部和新闻出版广电总局在《关于进一步加强和改进大学出版工作的意见》文件中明确指出，出版单位只有将出版内容的质量及精品出版作为考量指标，摆脱片面的经济指标的考核方式，才能够推动出版单位推出更多具备深度思想、专业精湛及制作精良且广受社会读者喜爱的作品。山东大学出版单位所出版的出版物大都为大学教材和学术专著，理论性强，受众群体有限且出版成本高、周期相对较长。因此使得出版单位不仅经济效益低，出版品种、质量参差不齐，而且影响了出版单位社会效益的提升。因此，大学出版单位实施出版精品化战略就显得尤为必要。近年来，国家及政府部门对于大学出版单位加大了投资力度，相继出版了一些记录历史、传播文明、服务当代的推动人类社会文明进步的国家级重大出版项目，大学出版单位应抓住机遇，制定符合自身特点的精品化出版战略。如西安交通大学出版社在2013年出版的国家级出版基金项目专著《先进燃气轮机设计制造研究》，不仅充分发挥了西安交大航天学

院及机械学院的专业优势，同时更是汇聚了资深的编审队伍和优秀作者，严打质量关，打造出了具备高专业度、制作精良的专著项目，其中涵盖了 8 种不同专著单品，在这个过程中国家及政府部门给予了持续的资助，项目以高水准完成，一经问世就获得了巨大轰动。

此外，实施出版精品化战略还要做到“走出去”，大学出版单位打造的精品图书能够扩大中华文化在国际上的影响力，进一步提升中国的文化软实力，社会效益不言而喻。

（三）坚定文化自信与文化自觉

近年来，国家新闻出版广电总局对大学出版物进行多次抽查，结果显示有相当一部分大学出版单位的出版物内容不合格，质量不佳。出版单位要想真正提升出版物内容质量，实现出版单位的社会效益提升，仅仅依靠政府和相关部门的监管是远远不够的，唯有坚定文化自信和文化自觉，努力践行出版行业的职业道德规范与使命，不断警示自己，将社会效益摆在优先发展的位置，严苛把关方能确保整体出版物内容质量的提升，真正做到为社会大众读者服务。

2015 年《中共中央关于制定国民经济和社会发展第十三个五年规划的建议》明确指出：社会各界应当始终坚持以人民利益为中心的工作导向，特别是将社会效益放在首要的位置，兼顾经济效益的发展，真正做到两手抓、两手都要硬，从而确保社会效益同经济效益的协调统一发展。大学出版单位作为文化宣传的重要窗口与阵地，应当牢记中央的思想主张，重视社会效益与经济效益的平衡发展。当两者出现冲突的时候，应当坚持以社会效益为导向。坚持文化自信和文化自觉更离不开专业人才的支持，优秀出版物的组稿、编辑与发行需要德才兼备的高素质人才。大学出版行业的特殊性直接决定了出版人才德行的重要性，道德品质，特别是社会公德、职业道德及个人思想品德等，是考量出版人才的核心因素。每一个大学出版人员都要始终践行社会主义核心价值观，践行党的“三严三实”要求，在工作中能够自觉遵守《中国出版工作者职业道德准则》，从而做到价值观与行为的协调一致发展，牢牢树立起高尚情操和职业精神理念。

三、结语

当前，大学出版单位面临着向数字出版物的转型，同时也面临着市场中商业化出版单位的严酷竞争，然而不管外界如何变化，大学出版单位始终要将社会效益摆在优先发展的位置，在此理念支撑下制定科学合理的创新机制，坚持大学出版单位的历史使命与宗旨，坚持品质第一，读者第一，在此基础上通过实施精品化战略，推出更具专业优势的高品质学术专著及教材品类，坚持文化自信与文化自觉性，切实做到为广大社会读者服务、为学术水平提升服务、为推动人类文化的进步而服务。只有这样才能够顺利实现转型并走上可持续发展的道路，真正做到为社会大众服务，发挥自身最大的社会价值。

参考文献

[1] 郝婷 . 媒介融合背景下大学出版人才培养目标及问题分析 [J]. 传播与版权，2018(01).

[2] 高云松 . 乘风而起，顺势而为：上海大学出版发展王要阶段回顾 [J]. 编辑学刊，2017(11).

[3] 尹贻伟 . 数字出版时代大学复合型创新人才培养机制研究 [J]. 出版发行研究，2016(07).

[4] 梁洁 . 大学学术期刊出版发展路径之思考 [J] 中国科技期刊研究，2015(11).

（本文刊载于《传播力研究》2018 年第 10 期）

附录 6

大学出版单位加强“主题出版”的有效措施

施小占　李志杰　张建初

摘要：我国大学出版社从 2003 年开始探索“主题出版”板块，经过 15 年的努力推出了大批优秀的主题出版图书，在记录历史、宣传真理、资政育人方面发挥了重大作用。但从现阶段来看，大学出版社的“主题出版”普遍存在即时性、一阵风的现象。为此，文章对大学出版单位加强“主题出版”的有效措施进行研究，希望为大学出版单位“主题出版”的发展提供一点建议和意见。

关键词：大学出版单位；主题出版；措施

中图分类号：G206

文献标识码：A

文章编号：1674-473X（2019）06-0035-02

DOI：10.16852/j.cnki.45-1390/g2.2019.06.015

现阶段“主题出版”已经成为出版界的一个热点和亮点。主题出版是国家在图书出版领域话语权的一种体现，我国大学出版社从 2003 年开始探索“主题出版”板块，经过 15 年的努力推出了大批优秀的主题出版图书，在宣传真理、记录历史、资政育人等方面发挥了重大作用。但从现阶段来看，大学出版社的“主题出版”服务党和国家大局的意识还不够强，普遍存在即时性、一阵风的现象。因此，大学出版社有必要重新认识和把握主题出版的内涵，采取有效措施，开展主题出版工作。

一、主题出版的内涵与特征

（一）主题出版的内涵

我国新闻出版广电总局对主题出版的概念进行了明确的界定：主题出版就是以国家的政治、经济、社会及文化等工作大局为基础，然后对党和国家所发生的一系列重大的事件、活动、理论及题材等主题进行缜密策划与出版的一种活动。从主题出版的概念我们可以得出，主题出版的内涵与本质就是主题出版，是国家利益和意志的一种体现。出版社进行主题出版也是为党和国家服务的一种体现。

（二）主题出版的特征

主题出版与一般出版物之间存在差异，概括起来主要包括三个方面的特征。

一是主题性和导向性。主题出版是为党和国家工作服务，是国家利益和意志的一种体现，这就在很大程度上要求主题出版必须具有政治导向、思想导向、价值导向及舆论导向等，并且这些导向一定要正确、一定要与国家的相关政策法规相适应，这样才可以对国家和党的工作起到引领和导向作用，才能为社会传播正能量 [1]。我国对主题出版每一年都会有一个新的主题，如 2014 年出版主题是习近平总书记重要讲话精神、中国梦等，2015 年的出版主题是庆祝抗日战争胜利 70 周年，2017 年的出版主题是党的十九大等。

二是前瞻性和时效性。一般情况下，主题出版肯定是以国家重大事件和活动来进行策划和出版的，但国家的重大事件和活动都具有一定的时间点，所以主题出版必须体现出较强的时效性。如果没有在规定时间内进行出版，那么必然会引起重大出版事故的发生，并且会给出版社的社会效益和经济利益带来严重影响。与此同时，出版社在进行主题出版的相关策划过程中也要体现一定的前瞻性，对下一年的出版主题进行预测和判断，并且要对未来 2 年内主题出版的内容进行研究和分析，提前做好主题出版的相关准备。如 2015 年在进行以庆祝抗日战争胜利 70 周年为主题出版的同时，就应该进行 2017 年以党的十九大为主题出版的相关策划。除此之外，在对一些重大事件进行策划的过程中，一定要对重大选题备案过程中有可能会涉及的问题进行全面考虑和分析，让主题出版的计划性、预见性等得到强化。

三是市场性和公益性。主题出版具有宣传和解读国家发展路线、引领主流价值观及舆论导向等作用，其最根本和最主要的目的就是营造出一种良好的舆论环境，从而为我国改革开放及现代化建设提供思想方面的保证，主题出版的重点就是对人进行武装、引导、塑造及鼓舞等。因此，对于出版社来说，在进行主题出版的策划和出版过程中一定要详细考虑和分析主题出版的公益性[2]。但是，出版社也是企业，这就决定了出版在确保主题出版公益性的基础上，还要对市场效益进行考虑。总之，主题出版其实就是对主题出版的公益性和市场性进行统一，最大化实现主题出版的社会效益和经济效益。

二、大学出版单位加强“主题出版”的有效措施

在我国新一轮政府机构的改革当中，新闻出版在 2018 年 3 月已经由中宣部进行管理，其主要目的就是让党对新闻出版工作的领导得到加强。在这种新的形势下，出版业对党和国家工作大局进行服务的属性必然会得到充分体现，对于大学出版社而言，就需要对当前的形势进行充分认识和分析，自觉提高服务大局的意识，同时也应该认真思考和落实党与国家对出版工作所提出的一系列新的要求。因此，大学出版单位在未来的主题出版策划过程中，应该从以下三个方面着手。

（一）对主题出版进行新的认识

大学出版单位服务社会功能的一个重要体现就是主题出版。现阶段我国大学已经成为人才培养、科学研究及服务社会等的重要载体。与此同时，在服务大学教学和科学研究的同时，大学出版单位还应对自身的定位进行调整，增加服务社会方面的内容。确保选题策划与我国社会的重大现实需求相适应，使策划出的选题体现出研究与解决社会现实问题的特点，这也是对大学出版单位服务社会功能的一种完美体现。大学出版单位对社会现实进行关注和凸显社会服务功能的一个重要途径就是积极参与主题出版选题的策划与申报[3]。因此，应增强大学出版社参与主题出版的积极性和自觉性，提升主题出版的高度，让大学出版单位的所有工作人员认知到主题出版对出版社未来生存与发展的重要性，并转变工作态度。总之，大学出版单位应对主题出版对社会、国家及自身发展的重大意义进行正确的认识了解，为主题出版的后续工作打好基础。

（二）采取新的思路对主题出版进行策划

大学出版单位应把主题出版策划与自身的优势结合并进行具有长远性的规划，确定主题出版的主攻方向，充分体现大学出版单位的学术特色，打造大学主题出版品牌，最大化地实现大学出版社的社会效益与经济利益。但从我国最近几年所发布的主题出版选题方向来看，主题出版的选题体现出了命题作文的特点，虽然有一些“自下而上”和“自上而下”的命题获得入选，但从总体上来看普遍体现出同质化的特点[4]。大学出版社在进行主题出版选题的过程中应放弃自身不擅长的领域，不要进行应景性选题的策划，而是应该与自身学科和学术优势结合，对某个领域进行深入研究与挖掘，这样才能让优秀的选题和作者得到积累，最终建立起大学出版社的品牌优势。与此同时，大学出版单位在进行主题出版选题的过程中，一定要保持选题的战略定力，不要将选题作为入选国家主题出版重点项目的唯一标准，最终衡量的标准是选题能否解决社会重大现实问题。如中国人民大学出版社于 2016 年和 2017 年入选国家主题出版重点项目的《中共党史重大问题研究》《时代大潮与中国共产党》等，其实就是该出版社对中国人民大学在中共党史研究方面的优势进行利用，然后对相关的选题进行不断创新和开拓。

（三）采取新举措进行主题出版策划

大学出版单位对自身的定位进行调整，增加服务社会方面的内容。上述内容最终都需要相关制度、机构、机制等作为保障，这样才能在主题出版选题和策划的过程中得到落实。对于大学出版单位来说，人员的落实是最为重要的一个环节。大学出版单位要把主题出版做好，首先要配备一系列与选题相关的策划人员。如果大学出版单位没有专业的编辑策划人员进行出版主题策划，那么主题出版的选题就可能存在临时拼凑、撒大网、碰运气等问题，最终导致选题质量下降 [5]。除此之外，选题论证、质量保证及考核激励等相关方面的机制也一样重要。总之，大学出版单位的主题出版是一项非常复杂、系统的工程，大学出版单位要想把主题出版做好、做出特色，就要严格遵守出版的相关规律。

三、结论

本文通过对大学出版单位主题出版的有效措施进行研究，发现大学出版社的“主题出版”普遍存在一些问题，如果不对及时解决这些问题，那么必然会给大学出版社“主题出版”未来的发展带来阻碍，大学出版单位要想把主题出版做好、做出特色，在以后的主题出版选题和策划过程中就应重新认识主题出版、采取新的思路对主题出版进行策划。总之，大学出版社要按照上级相关部门的精神策划主题出版项目，这已经成为大学出版社的常规性工作。但大学出版单位仍然需要重新认识主题出版，在大学出版单位未来的发展中，应对主题出版提出更高的要求，这样才可以为党和国家做出重要贡献。

参考文献

[1] 周蔚华，杨石华．大学出版社在出版业的地位及当前面临的主要问题 [J]．现代出版，2018（2）：124-125.

[2] 周峥．如何让主题出版行之久远——以上海人民出版社主题出版的实践为例 [J]．中国编辑，2016（5）：78-79.

[3] 李玉平．浅析主题出版的特点与规律 [J]．出版发行研究，2014（5）：274-275.

[4] 李艳辉．大学出版社怎样做好主题出版 [J]．经营与管理，2018，3（25）：25-27.

[5] 李建红．浅析主题出版的发展趋势及对策建议 [J]．出版发行研究，2017，10（21）：76-79.

（本文刊载于《传播与版权》2019 年第 6 期）

附录 7

关于大学出版单位服务大学思想政治工作的思考

施小占　李志杰　张建初

摘要：大学出版不仅为大学提供高水平的专业教材和学术著作，同时还是大学进行思想政治教育工作的重要媒介。本文就大学出版如何更好地服务大学思想政治工作的思路方面进行探析，以期能够更好地服务大学思想政治工作。

关键词：大学；出版服务；思想政治；创新路径

中图分类号：G64

文献标识码：A

文章编号：1673-9132（2019）12-0187-02

DOI：10.16657/j.cnki.issn1673-9132.2019.12.169

大学的思想政治教育工作是教育体系中重要的一环，大学只有具备健全积极的思想政治观念，才能够指导大学生为社会、为国家做贡献，才能够帮助大学生实现个人价值与人生的可持续发展。大学生身处校园中，大学出版物对大学生个人思想政治体系的构建起到了至关重要的作用。因此，对于大学出版单位而言，如何同时代发展相接轨并高效完成对大学生的思想政治教育工作，成为摆在每个大学出版单位面前的一个重要问题。

一、大学出版物对大学思想政治工作的影响

（一）引导作用

大学出版物内容丰富、逻辑性强，对于大学生的引导作用主要体现在两个方面，即政治层面的引导和文化层面的引导，优质的大学出版物将有效引导大学生全面提升自身思想觉悟水平并营造出和谐的校园文化。如国内知名大学的校刊《苏州大学学报》中的医学版创刊于20世纪60年代，创刊半个多世纪以来，苏州大学最新的医学科研成果及在生命科学的前沿成就一直引导着苏大学子奋发向上。

（二）培养作用

大学出版物大都是由专业领域的知名学者所著，在校园内具有广泛的影响力，因此也成为大学进行专业课程教学的工具书。这对于大学生专业水平的培育提升起到了重要的指导作用，同时成熟的大学出版体系将会以多元化的形式为学生提供自我展现与提升的平台，如学报、校刊等，对于专业人才的培育起到了积极的作用。

（三）交流作用

大学出版物大都是专业性很强的学术专著，其作者多数为本校或其他大学知名的学者，因此在出版物的专业水平上更具有前瞻性。当下各种电子出版物充斥着校园，但是很多电子出版物的内容缺乏专业水准，甚至会对大学生造成不利的误导。因此，高等院校出版物成了很好的学术与思想交流工具，使得大学的全体师生受益。

（四）激励塑造作用

大学师生群体庞大，且都是经过多年系统知识学习的高素质人才，大部分

学生都具备良好的道德素养和正确的思想价值观念。因此，他们都能够通过校园的榜样示范作用获得思想上的教育和政治上的引导，大学出版物通过对这些优秀人物的宣传，对于激励大学学子奋发图强、陶冶情操、调整思绪起到了良好的作用，为塑造新时代更为优秀、德才兼备的人才提供了保障。

二、大学出版服务大学思想政治工作的创新路径

（一）坚持大学出版服务的正确指导思想

唯有正确的思想指导才能够为高等院校的出版服务提供科学的方向。因此对于大学出版单位而言，坚持正确的思想理念指导是不可或缺的。首先，出版人员应当明确高等院校出版物的指导理念，特别是对于出版物的思想定位要明确，如以社会正能量为主题进行选材，这样才能够切实发挥对大学生进行思想政治教育的作用，避免出现思想教育的偏颇；其次，要始终坚持社会主义核心价值观，在进行出版物的选题、内容编排环节中要同社会主义的价值理念相契合，从而能够为大学生树立积极健康的政治思想做好准备；此外，伴随着大批量的电子出版物的发展，高等院校出版单位也可以在弘扬社会主义主旋律的前提下制作相应的音频、视频等课件信息，从而能够构建出一个全方位多元化的思想政治传播体系，彰显大学出版物在大学生思想政治教育工作中所发挥的重要导向作用。

（二）持续基础设施的投入与支持

高等院校出版单位在信息化时代中受到了严重的市场冲击，竞争对手日益多元化，一方面由于互联网络和先进的科技载体产品的冲击，如 iPad、智能手机等，纸质媒体出版物行业普遍受到巨大的挑战，市场需求涨幅放缓；另一方面，大学出版物大都偏向于专业性极强的学术著作，理论性强且受众读者范围小，因此同市场上流行的商业畅销书比较起来不具备读者优势，从而导致大学

出版物的市场占比越来越有限，

最终导致对大学生的思想政治教育工作开展难度加大。针对于此，高等院校应当注重对相关出版单位的基础设施投入，具体策略有：首先，加强对大学出版单位的财力支持，由于大学出版单位不同于普通以盈利为目的的出版企业。因此在市场竞争中通常会出现亏损经营的现象。这就需要大学甚至当地政府部门对其进行资金投入，从而在一定程度上缓解其经营压力，避免出现负债经营的问题；其次，加大对大学出版单位的物力支持，特别是同出版环节密切关联的印刷机器的更新、零件升级等，印刷质量提升对大学出版单位也是大有裨益的；最后，加强对其技术支持，出版技术升级势在必行，技术手段的完善不仅可以让出版物的表现形式更加多样化、内容更加易于理解接受，符合大学生的学习习惯，而且内容学习的有效性大大增强。

（三）进一步优化大学出版体系的运作模式

新时代中，高等院校传统纸媒出版的运作模式显然已经落伍，而大学生则永远是最年轻的一代，目前首批“00后”大学生已然进入大学，在这样的时代背景下，大学出版单位的运作模式就应当予以更新升级。以大学学报为例，首先，大学出版单位在学报的出版上可以制作相应的微信二维码，并且该二维码关联出版单位的公众账号，以此来积累读者粉丝，并且可以开启读者的留言功能。这样出版单位公众号的运营编辑就能够根据读者的留言获得真实有效的反馈，为进一步调整内容出版物提供市场依据；其次，大学出版单位可以制作专门的官方网站，对于即将出版的内容进行通告，同时在出版单位官方网站中可以定期编辑针对大学生思想政治教育的相关栏目，设置主题，如正能量大学生、感动大学十大学子等，通过官网传媒方式对大学生进行思想政治教育；最后，实体纸质媒体出版同线上同步协调发展，一方面既能够通过纸媒出版物教化大学生，还可以借助便捷互联网来渗透思想政治宣传与教育工作。

此外，大学出版单位还要预防网络中不良分子对大学生的思想侵蚀。因此要不断优化运作体系的各个环节，确保传播内容的正确、积极，有益于大学生及广大读者的思想政治教育。

（四）重视出版体系专业人才培育

大学出版单位要想推出广受好评的作品，人才的培育工作是十分重要的。

对于大学出版体系而言，人才首先应当具备良好健康的思想政治理念，只有出版从业人员思想政治上积极健康，其所制作的出版物才更具思想政治教育功能。因此，对于出版人员的思想政治考核显得尤为重要，出版单位可以定期对体系内人员进行思想政治考核，通过考核来深化自身的责任意识，让所有人明白出版人员职责的神圣所在及对大学生及整个社会的深远影响；其次，培育一支专业专职的出版团队，对于不同的出版物要定编定岗，从而避免兼职编辑难以全身心投入出版工作的弊端；最后，出版单位还要及时吸纳高素质的专业人才，确保具备较高的思想政治觉悟与科学出版理念，从而为打造高水平、高起点的出版物提供人力资源保障。

（五）与时俱进，创新大学出版体系

时代在不断进步，任何行业的发展都离不开创新。对于大学出版单位而言，创新也是时代所需，唯有不断创新出版体系，才能够顺应时代发展，才能够为大学生的思想政治教育工作提供助力。首先，出版内容要创新，大学出版大都为学术专著，对于大学生而言阅读起来比较单调乏味。因此在出版内容上就应当融入时代的元素，融入大学生身边熟悉的生活案例，或是融入时事热点事件等。如在关于法律量刑方向的理论可以借鉴热点案件，引发大学生阅读的共鸣；其次，出版形式要创新，中规中矩的学术出版物往往不能调动大学生的阅读兴趣，对于“95 后”及“00 后”新生代大学生更是如此，他们具备个性，对于阅读出版物也有着独特的偏好。因此，大学出版物可以在部分专题的样式制作

上贴合大学生的气质需求，封面更具活力，或者融入母校特色元素；最后，出版管理机制要创新，强化同其他新媒体之间的互动与合作，强化同大学生之间的思想沟通，取长补短并有效整合，构建出新时代的大学出版管理体系。大学的思想政治教育工作关系到国家与社会发展的未来，在各种媒体潮流的冲击下，大学出版物承担着思想政治教育的重任。

对于大学出版单位而言，出版物承载着文化传播的使命和对学生思想教化的职责，只有不断坚定正确的思想引导、提升出版水平、优化出版运作与管理模式，才能够在时代的浪潮中完成立德树人的伟大使命。

参考文献

[1] 毛润政，肖湘雄.大学出版编辑心理资本现状调查与分析[J].科技与出版，2015(10).

[2] 吴鹏，程放.数字出版转型期大学出版人才培养策略探究[J].出版发行研究，2014(2).

[3] 李映杏.大学校园媒体思想政治教育功能及其提升研究[J].读与写(教育教学刊)，2014(8).

[4] 陈丹，仲诚.知识体系视角下大学出版专业核心课程体系的构建[J].现代出版，2015(3).

（本文刊载于《学周刊》2019年4月第12期）